Wie ein helles Licht im Dunkel der Nacht

KONKRETE LITURGIE

AUGUST LAUMER

Wie ein helles Licht im Dunkel der Nacht

Gottesdienste und Predigtimpulse
für Advent und Weihnachten A | B | C

VERLAG FRIEDRICH PUSTET
REGENSBURG

Bibliografische Information der Deutschen Nationalbibliothek
Die Deutsche Nationalbibliothek verzeichnet diese Publikation in der Deutschen Nationalbibliografie; detaillierte bibliografische Daten sind im Internet über http://dnb.dnb.de abrufbar.

Gutenbergstraße 8 | 93051 Regensburg
Tel. 0941/920220 | verlag@pustet.de

ISBN 978-3-7917-3536-8
Reihen-/Umschlaggestaltung: www.martinveicht.de
Umschlagbild:stock.adobe.com (Romolo Tavani)
Satz: Vollnhals Fotosatz, Neustadt a. d. Donau
Druck und Bindung: Friedrich Pustet, Regensburg
Printed in Germany 2024

eISBN 978-3-7917-6263-0 (epub/)

INHALT

VORWORT 9

SONNTAGE IM ADVENT

1. ADVENTSSONNTAG A
Haltet euch bereit! 13

1. ADVENTSSONNTAG B
Wachsein für die Ankunft des Herrn 19

1. ADVENTSSONNTAG C
Richtet euch auf und erhebt eure Häupter! 23

2. ADVENTSSONNTAG A
Ein Reis aus dem Baumstumpf Isais 30

2. ADVENTSSONNTAG B
Tröstet, tröstet mein Volk! 36

2. ADVENTSSONNTAG C
Man wartet, und man hofft 42

3. ADVENTSSONNTAG A
Jubeln werden die Wüste und das trockene Land 48

3. ADVENTSSONNTAG B
Freut euch zu jeder Zeit 54

3. ADVENTSSONNTAG C
Eine Zeit freudiger Erwartung 60

4. ADVENTSSONNTAG A
Immanuel – Gott mit uns 64

4. ADVENTSSONNTAG B
Aus dem Haus David 70

4. ADVENTSSONNTAG C
Offen für die Begegnung mit Gott 76

HEILIGER ABEND – WEIHNACHTEN – FEST DER HEILIGEN FAMILIE

IN DER HEILIGEN NACHT – AM WEIHNACHTSTAG
Heute ist euch der Retter geboren 85

2. WEIHNACHTSTAG – FEST DES HEILIGEN STEPHANUS
Krippe und Kreuz 102

FEST DER HEILIGEN FAMILIE A | B | C
In allem uns gleich – auch als Kind einer Familie 107

JAHRESSCHLUSS – NEUJAHR – 2. SONNTAG NACH WEIHNACHTEN

JAHRESSCHLUSS
Ich lebe mein Leben in wachsenden Ringen 113

NEUJAHR – HOCHFEST DER GOTTESMUTTER MARIA
Geboren von einer Frau 120

2. SONNTAG NACH WEIHNACHTEN
Der Herr ist mein Licht und mein Heil 131

ERSCHEINUNG DES HERRN

HOCHFEST ERSCHEINUNG DES HERRN
Vom Suchen und Finden 137

TAUFE DES HERRN

FEST TAUFE DES HERRN A
Gott wendet sich den Menschen zu 153

FEST TAUFE DES HERRN B
Du bist mein geliebter Sohn 157

FEST TAUFE DES HERRN C
Gestärkt durch Gottes Geist 161

LIEDPREDIGTEN ZU ADVENT UND WEIHNACHTEN

1. ADVENTSSONNTAG
Wir sagen euch an den lieben Advent 167

2. ADVENTSSONNTAG
Macht hoch die Tür, die Tor macht weit 170

3. ADVENTSSONNTAG
Es kommt ein Schiff, geladen 173

4. ADVENTSSONNTAG
Tauet, Himmel, den Gerechten 176

WEIHNACHTEN
Stille Nacht, heilige Nacht 179

KINDER- UND FAMILIENGOTTESDIENSTE

1.ADVENTSSONNTAG
Licht, das immer heller strahlt 185

2. ADVENTSSONNTAG
Bereitet den Weg des Herrn! 189

3. ADVENTSSONNTAG
Bist du der, der kommen soll? 193

4. ADVENTSSONNTAG
Einen Sohn wirst du gebären 196

AM HEILIGEN ABEND – KINDERCHRISTMETTE
Licht in dunkler Nacht 199

Verzeichnis der Predigtvorschläge 205

VORWORT

Sich dem Geheimnis von Weihnachten zu nähern – dazu wollen die hier vorgelegten Gottesdienstmodelle, Texte und Predigtimpulse helfen. Sie sind meist der konkreten pastoralen Praxis entwachsen und geben Anregungen für die Gestaltung von Advents- und Weihnachtsgottesdiensten, aber auch für die persönliche Meditation und Besinnung auf das, was wir in diesen Tagen feiern dürfen. Bewusst werden in den Texten gelegentlich ungewöhnliche Zugänge gesucht. So finden sich neben biblisch orientierten Betrachtungen auch manche vielleicht überraschende Querverbindungen, zuweilen mit Humor und einem Augenzwinkern versehen, immer aber getragen von dem Anliegen, neue Perspektiven auf die weihnachtliche Frohbotschaft zu eröffnen.

Die meisten der nachfolgenden Gottesdienstmodelle und Predigtimpulse, die für Eucharistiefeiern wie ebenso für Wort-Gottes-Feiern geeignet sind, erscheinen hier zum ersten Mal. Einige wenige Predigttexte wurden bereits einmal in der Zeitschrift „Der Prediger und Katechet" veröffentlicht, jedoch für diesen Band überarbeitet und mit Einführungen, Kyrie-Rufen und Fürbitten zu Gottesdienstvorlagen ausgeweitet. Der Patmos-Verlagsgruppe danke ich für die Erlaubnis zum Wiederabdruck. Dem Verlag Pustet gilt mein herzlicher Dank für die Aufnahme des vorliegenden Bandes in sein Verlagsprogramm.

„Wie ein helles Licht im Dunkel der Nacht": Die vertrauten Wahrheiten der weihnachtlichen Frohbotschaft im Heute neu zum Leuchten zu bringen und in ihrer strahlenden Kraft zu erfassen, das ist das Ziel des vorliegenden Buches. Der Verfasser würde sich freuen, wenn er mit diesem Band den Leserinnen und Lesern hierzu eine Hilfe an die Hand geben kann.

August Laumer

SONNTAGE IM ADVENT

1. ADVENTSSONNTAG A

HALTET EUCH BEREIT!

1. L: Jes 2,1–5 | 2. L: Röm 13,11–14a | Ev: Mt 24,37–44 *oder* Mt 24,29–44

Liturgische Begrüßung
Der Herr, der Retter, der kommen wird, sei mit euch!

Einführung *(mit Segnung des Adventskranzes)*
Mit dem heutigen Sonntag treten wir ein in die Zeit des Advents, in die Zeit der Vorbereitung auf das Weihnachtsfest, in die Zeit der sehnsüchtigen Erwartung dessen, der uns Rettung und Leben bringt. Die Kerzen am Adventskranz sagen es uns: Immer mehr kommt Gott uns nahe. Er selbst will bei uns sein. So ist das Licht ein Zeichen für Gottes nahende Liebe und Zuwendung, die in Jesus Christus Mensch geworden ist. Daran wollen wir denken, wenn wir nun den Adventskranz segnen und die erste Kerze daran entzünden.

Segnung des Adventskranzes: Benediktionale S. 29 f. Anschließend
Lied: GL 223,1: Wir sagen euch an den lieben Advent

Oder

Einführung *(ohne Segnung des Adventskranzes)*
Mit dem heutigen Sonntag treten wir ein in die Zeit des Advents, in die Zeit der Vorbereitung auf das Weihnachtsfest, in die Zeit der sehnsüchtigen Erwartung dessen, der uns Rettung und Leben bringt. Die Kerzen am Adventskranz sagen es uns: Immer mehr kommt Gott uns nahe. Er selbst will bei uns sein. So ist das Licht ein Zeichen für Gottes nahende Liebe und Zuwendung, die in Jesus Christus Mensch geworden ist. Zu ihm wollen wir rufen:

Kyrie-Rufe Herr Jesus Christus,

- du Stern, der über uns aufgeht in finsterer Nacht.
- du Glanz, der unser Leben hell macht.
- du Licht, das uns Mut schenkt in Sorgen und Angst.

Fürbitten Jesus Christus mahnt uns, wachsam und offen zu sein für die Gegenwart und Nähe Gottes in unserem Leben. Ihn bitten wir:

- Lass diese Zeit des Advents für alle Christen auf der Erde eine Zeit der Besinnung, der Freude und der Hoffnung werden!
- Gib denen Mut und Vertrauen in deine Hilfe, die in der Finsternis von Not und Angst leben müssen!
- Sei denen nahe, die von Katastrophen heimgesucht worden sind, und eröffne ihnen Wege in eine bessere Zukunft!
- Lass uns umkehren und um Verzeihung bitten, wo wir auf falschen Wegen gegangen sind und dir und unseren Mitmenschen nicht gerecht wurden!
- Rufe die Verstorbenen in das Licht deiner Herrlichkeit!

Du, Herr, wirst uns erhören. Du kommst zu uns oft unerwartet und unvermutet und machst unser Leben hell durch das Licht deiner Liebe und Hoffnung. Dafür loben und preisen wir dich heute und in Ewigkeit. Amen.

PREDIGTVORSCHLAG I

CHRISTEN ALS AUFGEWECKTE MENSCHEN

Mögen Sie Ihren Wecker? Hand aufs Herz: Wohl kaum jemand wird sich darüber freuen, wenn er frühmorgens jäh durch diesen Schreckensapparat aus dem Schlaf gerissen wird – es sei denn, man ist ein notorischer Frühaufsteher und ohnehin schon wach. Die meisten Menschen aber werden es als unfreundlich empfinden: das Piepsen des Weckers oder der Ton des Radios, der automatisch eingeschaltet wird und der einem verrät, dass die Schlafenszeit nun bereits vorbei ist, zumal dann, wenn die Nacht nur kurz war.

Auch wenn der Wecker darum oftmals nicht unsere Sympathien für sich gewinnen kann: Wir wissen andererseits nur zu gut, dass wir nicht auf ihn verzichten können. Wenn wir nicht zu spät zur Arbeit, zur Schule oder zu anderen Terminen kommen oder wenn wir Erledigungen, die am Tag anstehen, auch schaffen wollen, müssen wir rechtzeitig wach werden. Dazu brauchen wir – zumindest die Berufstätigen unter uns – meist den Wecker. Er rüttelt uns auf vom Schlaf; er mahnt uns, dass es jetzt Zeit ist, aufzustehen und dem neuen Tag entgegenzugehen, mit allem, was darin zu tun und zu bewältigen ist. Um rechtzeitig wach zu werden, brauchen wir den Wecker, und hoffentlich ist der dann auch zuverlässig, damit wir nicht verschlafen und Ärger bekommen. Um ganz sicher zu gehen, haben manche sogar mehrere Wecker in ihrem Schlafzimmer stehen, damit sie den Weckton auf keinen Fall überhören, oder aber sie stellen den Wecker in den Nebenraum, um dann tatsächlich auch zum Abstellen aufstehen zu müssen und nicht der Gefahr zu erliegen, einfach nur die Aus-Taste zu drücken, sich im Bett nochmals umzudrehen und weiterzuschlafen.

Auch der Advent will in gewisser Weise wie ein Wecker, wie ein Weckruf sein. Das legt uns die Lesung aus dem Brief des Paulus an die Römer nahe, die wir heute gehört haben. „Die Stunde ist gekommen, aufzustehen vom Schlaf“, so schreibt Paulus darin eindringlich. „Denn jetzt ist das Heil uns näher als zu der Zeit, da wir gläubig wurden. Die Nacht ist vorgerückt, der Tag ist nahe“ (Röm 13,11 f.). Ganz ähnlich sagt es dann auch das Evangelium, wenn es dort aus dem Munde Jesu heißt: „Seid also wachsam! Denn ihr wisst nicht, an welchem Tag euer Herr kommt. Bedenkt dies: Wenn der Herr des Hauses wüsste, in welcher Stunde in der Nacht der Dieb kommt, würde er wach bleiben und nicht zulassen, dass man in sein Haus einbricht“ (Mt 24,42 f.).

Tatsächlich ist es so, dass wir Christen die großen Ereignisse unseres Glaubens mitten in der Nacht feiern: Weihnachten, die Geburt Christi, begehen wir mit der nächtlichen Christmette, weil Maria ihr Kind zu nächtlicher Stunde geboren hat. Ostern, die Auferweckung des Herrn, wird ebenfalls nachts gefeiert. Mitten in der Finsternis dieser Welt ist uns das Licht Jesus Christus aufgestrahlt. Wir feiern das neue Leben, das er für uns mitten im Dunkel des Leidens, des Todes und der Verzweiflung gebracht hat. Daran erinnern wir in der Feier der Osternacht, die wir spätabends nach Einbruch der Dunkelheit begehen oder aber in der Frühe, im Übergang von stockdunkler Nacht hin zur Morgendämmerung.

Christen sind also von jeher aufgeweckte Menschen. Sie müssen wach sein für die Begegnung mit ihrem Gott, der zu ihnen kommen will. Das heißt freilich keineswegs, dass man mit möglichst wenig Schlaf auskommen soll oder etwa gar nicht mehr ausschlafen dürfte. Aufgeweckt, wach sein bedeutet vielmehr, dass wir aufmerksam sein sollen – aufmerksam für die Menschen um uns, für die Entwicklungen in unserer Welt, vor allem aber auch aufmerksam dafür, wo und wie Gott uns darin nahekommen will. Es geht darum, wach zu sein für die Chancen, die sich uns bieten – für die Chancen, Gott zu begegnen und anderen Gutes zu tun.

Gott will zu uns kommen. Damals, in seinem Sohn Jesus Christus, in dem Kind in der Krippe hat er das bereits gezeigt. Aber auch heute, hier und jetzt will er uns begegnen, will er ankommen bei uns und unser Leben prägen. Dafür sollten wir uns in diesen kommenden vier Wochen des Advents wieder neu aufwecken lassen, dafür sollten wir wachsam, offen und aufmerksam sein. Wir dürfen es nicht verschlafen.

PREDIGTVORSCHLAG II

DER LANGE ADVENT

Wieder ist es Advent geworden. Wieder bricht eine Zeit an, die häufig eher von Hektik, Stress und Unruhe geprägt ist als von Besinnlichkeit und Stille. In der kommenden verbleibenden Zeit gilt es, Geschenke zu besorgen, Vorbereitungen für ein schönes Fest zu treffen, Plätzchen und andere Leckereien zu backen, Adventsfeiern zu besuchen und vieles andere mehr.

Der Advent ist eine Zeit, die für viele gut angefüllt ist mit Geschäftigkeit und Betriebsamkeit, auch wenn das in manchen Jahren ein wenig entspannter ist; denn die Zeit des Advents ist unterschiedlich lang: Manchmal dauert er fast vier Wochen, immer dann nämlich, wenn der Heilige Abend auf einen Samstag fällt. In anderen Jahren aber fällt der Heilige Abend zugleich auf den vierten Adventssonntag und bringt damit den kürzestmöglichen Advent überhaupt. Wäre es da nicht besser, die Adventszeit vielleicht einfach grundsätzlich zu verlängern? Könnte man nicht auch früher damit anfangen? Weihnachtsmärkte öffnen ja meist ohnehin schon vor dem ersten Advent, und auch in den Geschäften gibt es spätestens seit Anfang November Weihnachtsdeko und Weihnachtswaren.

Ein verlängerter Advent – so abwegig ist das gar nicht. Denn in der Alten Kirche dauerte die Adventszeit zunächst vom Tag des heiligen Martin, also dem 11. November, bis zum ursprünglichen Weihnachtsfest am 6. Januar. Er war damals eine 40-tägige Fastenzeit vor Weihnachten, gerechnet ohne die Samstage und Sonntage, entsprechend der 40-tägigen Fastenzeit vor Ostern. So finden wir das damals in den Ostkirchen vor, aber offenbar auch im damaligen Spanien und in Gallien.

Papst Gregor der Große hat dann eine Verkürzung durchgesetzt. Denn er legte die Zahl der Sonntage im Advent für die Westkirche auf vier fest. Doch gab es auch danach noch Ausnahmen mit fünf oder sechs Adventssonntagen in manchen Bistümern. Erst im 11. Jahrhundert wurde dann die heutige Regelung beschlossen und später vom Trienter Konzil bestätigt. Seither fällt der erste Adventssonntag in die Zeit zwischen dem 27. November und dem 3. Dezember, und wenn der vierte Adventssonntag auf den 24. Dezember trifft, dann ist das zugleich der Heilige Abend.

Doch es gibt nach wie vor Ausnahmen: Wer etwa im Erzbistum Mailand wohnt, darf sich freuen. Er kann nämlich weiterhin einen sechswöchigen Advent feiern, weil dort auch heute noch die Liturgieordnung des heiligen Ambrosius gilt, der hier im vierten Jahrhundert Bischof war. Und auch die orthodoxen Kirchen kennen eine Vorbereitungszeit von sechs Wochen auf das Weihnachtsfest hin, und zwar ab dem 15. November. Allerdings verwenden sie erst seit jüngerer Zeit die Bezeichnung „Advent“. Lieber sprechen sie vom „Philippus-Fasten“ oder „Weihnachtsfasten“ und betonen damit anders als die westlichen Kirchen bis heute den Fastencharakter dieser Zeit.

Ein längerer Advent – er wäre liturgisch also durchaus möglich. Man kann gewiss darüber streiten, was sinnvoller wäre.

Doch eigentlich kann man den Advent ohnehin nicht auf diese drei bis vier Wochen vor Weihnachten einengen – den Advent zumindest, zu dem die Kirchen einladen: nämlich Christus zu begegnen, mit seiner Gegenwart in unserem Leben zu rechnen. Von der Wiederkunft des Menschensohnes war darum auch im Evangelium des heutigen Sonntags zu hören. Plötzlich und unerwartet wird sie geschehen, so wird es da in eindrücklichen Bildern geschildert. Darum ist es nötig, stets wachsam zu bleiben – das Leben so zu gestalten, dass man mit Gott rechnet, mit seiner Nähe, mit seinem Kommen hier und heute.

Vor einiger Zeit las ich den englischsprachigen Beitrag eines afrikanischen Priesters. Darin schrieb er über die ersten Anfänge der neuzeitlichen Missionierung in seinem Land von „the advent of the Europeans". Ich habe etwas gestutzt: „advent" – Advent – das kennen wir im Deutschen nur im Zusammenhang mit den nun anbrechenden Wochen vor Weihnachten. Im Englischen aber ist das anders: Hier kann „advent" auch das noch bedeuten, was das lateinische „adventus" eigentlich meint, nämlich „Ankunft".

Man stelle sich vor: Am Bahnhof steht über dem Fahrplan nicht einfach „Abfahrt" und dann in der nächsten Spalte „Ankunft", sondern vielmehr „Advent". Genau das aber will uns das Wort auch in seiner christlichen Verwendung sagen: Advent ist nicht nur in diesen drei oder vier kommenden Wochen. Advent, Ankunft des Herrn ist eigentlich immer, auch an den anderen Tagen des Jahres, unser ganzes Leben lang. Gott will uns nahe kommen in seinem Sohn. Er schenkt uns seine Gegenwart, sein Kommen, hier und heute. Und dafür müssen wir offen und wachsam sein.

1. ADVENTSSONNTAG B

WACHSEIN FÜR DIE ANKUNFT DES HERRN

1. L: Jes 63,16b–17.19b; 64,3–7 | 2. L: 1 Kor 3,1–9 | Ev: Mk 13,33–37 *oder* Mk 13,24–37

Liturgische Begrüßung

Jesus Christus, der Retter, der zu uns kommen will, sei mit euch!

Einführung

(mit Segnung des Adventskranzes)
Wir beginnen heute die Zeit des Advents. Wir erwarten das Kommen Christi in unsere Welt. Sein Licht soll aufstrahlen in unserem Leben, in unserer Zeit. Darauf weisen uns die Kerzen am Adventskranz hin: Immer mehr kommt Gott uns nahe. Er selbst will bei uns sein. Sein Glanz soll unser Leben hell machen. So dürfen wir nun den Adventskranz segnen und dann das Licht der ersten Kerze entzünden.

Segnung des Adventskranzes: Benediktionale S. 29 f. Anschließend
Lied: GL 223,1: Wir sagen euch an den lieben Advent

Einführung

(ohne Segnung des Adventskranzes)
Wir beginnen heute die Zeit des Advents. Wir erwarten das Kommen Christi in unsere Welt. Sein Licht soll aufstrahlen in unserem Leben, in unserer Zeit. Darauf weisen uns die Kerzen am Adventskranz hin: Immer mehr kommt Gott uns nahe. Er selbst will bei uns sein. Sein Glanz soll unser Leben hell machen. So rufen wir nun im Kyrie:

Kyrie-Rufe

Herr Jesus Christus,
- du willst zu uns kommen, mitten in unser Leben.
- du willst Licht bringen in die Finsternis dieser Welt.
- du rufst uns auf, wachsam zu sein und auf dich zu vertrauen.

Fürbitten

Jesus Christus ruft uns auf, wach zu sein für sein Kommen. Voll Sehnsucht hoffen wir auf seine Gegenwart unter uns Menschen. Darum rufen wir:

V Komm, Herr Jesus!

A Komm, Herr Jesus!

- Für alle Christen, dass sie glaubwürdig deine Frohbotschaft verkünden und das Evangelium vor aller Welt bezeugen.
- Für die Völker der Erde, die unter Gewalt und Unterdrückung zu leiden haben, dass sie zu Frieden, Versöhnung und Gerechtigkeit finden können.
- Für die Menschen, die von schweren Schicksalsschlägen betroffen sind, dass sie die Hoffnung und den Lebensmut nicht verlieren.
- Für alle, die arm sind und schwere Not leiden, dass sie in diesen adventlichen Tagen nicht vergessen werden.
- Für die Sterbenden, dass sie vorbereitet und in Frieden zu dir heimgehen können.

Du, Herr, wirst uns erhören. Du kommst zu uns oft unerwartet und unvermutet und richtest uns auf mit deiner erlösenden und befreienden Botschaft. Dafür loben und preisen wir dich heute und in Ewigkeit. Amen.

PREDIGTVORSCHLAG

ADVENT – ZEIT DER UNRUHE UND SEHNSUCHT

Advent – das ist die stille Zeit, die Zeit der Besinnung, der Einkehr und der Ruhe. So sagen wir gerne. Eigentlich aber, so müssen wir feststellen, entspricht das so gar nicht dem, wozu uns das Evangelium des heutigen Sonntags aufruft. Von Wachsamkeit ist da die Rede, von der Wiederkehr des Hausherrn. Angespanntheit liegt da in der Luft und auch eine gewisse Unruhe angesichts der Frage: Wann wird denn der Herr wiederkehren? Wie wird er uns antreffen? Wird er uns ganz und gar überraschen, gleichsam während wir schlafen? Oder werden wir ihm gut vorbereitet begegnen können?

Wenn es also nach unserem heutigen Evangelium geht, ist der Advent keine Zeit des Ausruhens. Er ist vielmehr geprägt von sehnsuchtsvoller, ja angespannter Erwartung. Es soll uns und darf uns keine Ruhe lassen, worauf wir hoffen. Mit Besinnlichkeit und Beschaulichkeit scheint das wenig zu tun zu haben, im Gegenteil: Es geht darum, mit allen Sinnen wach zu bleiben, damit die Ankunft dessen nicht versäumt wird, der in unser Leben eintreten will, um uns frei zu machen von allem, was uns so schwer belastet.

Genau in dieser Haltung haben die Menschen in der Zeit gelebt, als das Jesaja-Buch geschrieben worden ist, aus dem heute die erste Lesung stammt. Zunächst gab es da die Niederlage des Königreichs Juda im Krieg gegen das Riesenreich Babylonien. Und die Sieger plünderten dann die Stadt Jerusalem und zerstörten sogar das Heiligste der Menschen, den Tempel des Herrn. Die führenden Schichten des jüdischen Volkes wurden nach Babel verschleppt. Dort lebten sie in der Fremde, fern der Heimat als Knechte und Sklaven, fern offenbar auch von ihrem Gott.

Mit einem Mal aber kam dann der Umschwung: Die Menschen durften aus der Verbannung wieder heimkehren. Neue Hoffnung blühte auf, und es wurden große Erwartungen geweckt. Doch der Neuanfang war viel schwerer als gedacht. Er gelang nur ganz zögerlich. Wieder einmal schien es, als sei Gott fern, als denke er nicht mehr an die Seinen. Darum begegnet bei Jesaja das Gebet, das wir heute gehört haben, und es ist zugleich ein bittender, ja fordernder Ruf an Gott, den Herrn: „Kehre zurück um deiner Knechte willen, um der Stämme willen, die dein Erbbesitz sind.

Hättest du doch den Himmel zerrissen und wärest herabgestiegen, sodass die Berge vor dir erzitterten" (Jes 63,17b.19b).

Genau das ist die Stimmung, in die uns der Advent hineinführt. Auch bei uns gibt es so vieles, was uns aufhorchen lässt, aber eben auch viele enttäuschte Hoffnungen, manche Nöte und Sorgen, viele Sehnsüchte und Wünsche. Manchmal kann es auch uns scheinen, als sei Gott weit, weit weg und fern von unserem Leben, als interessiere ihn nicht, wie es uns ergeht. Doch der Advent sagt uns: Gott will zu uns kommen. Er will da sein in unserem Leben und uns befreien. Er will uns erfahren lassen in seinem Sohn, dass er wahrlich der „Gott-mit-uns" ist, ein Gott, der die Wege unseres Lebens mitgeht, der unsere Sorgen kennt und sie mit uns trägt.

Diesen Gott erwarten wir; sein Kommen erwarten wir in unserem Leben, im Hier und Heute. Und das kann uns einfach nicht in Stille und Geruhsamkeit belassen. Nein, es muss uns beschäftigen, es lässt uns keine Ruhe und versetzt uns in drängende Erwartung, in hoffnungsvolle Angespanntheit.

Das ist freilich etwas ganz anderes als die Hektik und der Stress der Weihnachtsvorbereitungen, die uns in diesen Tagen wieder einmal zu schaffen machen werden. All das hat wenig mit dieser adventlichen Wachsamkeit zu tun. Im Gegenteil: Diese Mühen der Weihnachtvorbereitungen können sogar dazu führen, das ersehnte Ziel aus den Augen zu verlieren, dass nämlich Gott zu den Menschen kommt. Es ist gleichsam so, als wenn der Türhüter die Ankunft seines Herrn zwar nicht verschläft, aber durch andere Besorgungen im Haus so sehr abgelenkt ist, dass er das Klopfen an der Tür einfach nicht mehr hört.

Uns darf das nicht passieren. Wir alle sind, wie das Evangelium es beschreibt, die Türhüter unseres Herrn. Er will kommen und eintreten, bei uns, in unser Leben.

1. ADVENTSSONNTAG C

RICHTET EUCH AUF UND ERHEBT EURE HÄUPTER!

1. L: Jes 33,14–16 | 2. L: 1 Thess 3,12 – 4,2 |
Ev: Lk 21,25–28.34–36

Liturgische Begrüßung

Der Herr, der Retter, der kommen wird – er sei mit euch!

Einführung *(mit Segnung des Adventskranzes)*

Wir feiern heute den Beginn des Advents. Advent bedeutet Ankunft: Jesus Christus, das Licht der Welt und das wahre Leben, will bei uns ankommen. Diese Zeit der Erwartung des kommenden Herrn ist mit vielen Zeichen und Bräuchen verbunden, etwa mit dem Adventskranz: Das Grün seiner Zweige erinnert uns an das Leben und an die Hoffnung. Und dann sind da noch die vier Kerzen des Adventskranzes. An jedem Sonntag im Advent wird eine weitere Kerze entzündet. Das Licht wird immer stärker, immer heller, bis zu jener Nacht, die ganz hell erleuchtet wird von der Geburt des Sohnes Gottes, dem Licht der Welt, das in die Herzen der Menschen strahlt. Daran wollen wir denken, wenn wir nun den Adventskranz segnen und die erste Kerze entzünden.

Segnung des Adventskranzes: Benediktionale S. 29 f. Anschließend
Lied: GL 223,1: Wir sagen euch an den lieben Advent

Oder

Einführung *(ohne Segnung des Adventskranzes)*

Wir feiern heute den Beginn des Advents. Advent bedeutet Ankunft: Jesus Christus, das Licht der Welt und das wahre Leben, will bei uns ankommen. Diese Zeit der Erwartung des kommenden Herrn ist mit vielen Zeichen und Bräuchen verbunden, etwa mit dem Adventskranz: Das Grün seiner Zweige erinnert uns an das Leben und an die Hoffnung. Und dann sind da noch die vier Kerzen des Adventskranzes. An jedem Sonntag im Advent wird eine weitere Kerze entzündet. Das Licht wird immer stärker, immer heller, bis zu jener Nacht, die ganz hell erleuchtet wird von der Geburt des Sohnes Gottes, dem Licht der Welt, das in die Herzen der Menschen strahlt. Zu ihm wollen wir rufen:

Kyrie-Rufe

Herr Jesus Christus,
- du Spross aus Davids Haus.
- du Hoffnung, die uns geschenkt ist.
- du Licht im Dunkel dieser Welt.

Fürbitten

Der barmherzige Gott ist uns nahe in unserem Leben – in frohen und in traurigen Stunden. Ihn lasst uns bitten:
- Hilf uns, dass wir uns in den kommenden Wochen des Advents in rechter Weise auf das Fest der Geburt deines Sohnes vorbereiten!
- Lass uns wach sein und aufmerksam für die Zeichen deiner Nähe und Liebe in unserem Leben!
- Öffne die Augen der Menschen für alle, die arm und in Not sind!
- Tröste die einsamen und verzweifelten Menschen und lass sie neue Zuversicht schöpfen!
- Stärke alle mit deinem Beistand, die einen kranken Menschen pflegen und für ihn sorgen!
- Lass unsere Verstorbenen das Licht deines ewigen Lebens schauen!

Guter Gott, hilf uns, wachsam zu sein in dieser Zeit des Advents, damit wir die Ankunft deines Sohnes mit bereitem Herzen erwarten. Darum bitten wir durch ihn, Christus, unseren Herrn. Amen.

PREDIGTVORSCHLAG I

SEID WACHSAM!

Manche Situationen gibt es, die sind ganz schön knifflig. Da braucht es dann besondere Vorsicht und Umsicht und Aufmerksamkeit. Und zuweilen kann man da den gut gemeinten, aber auch etwas eigentümlichen Rat hören: „Holzauge, sei wachsam!“ Skurril und merkwürdig klingt das, und sich diese Redewendung bildlich vorzustellen, bringt einen da auch nicht weiter.

Manche meinen, diese Redensart gehe auf die Verteidigung von Burgen im Mittelalter zurück. Denn hier wurde, so heißt es, in die Schießscharten auch manchmal eine Holzkugel mit einem Loch in der Mitte eingelassen, aus der dann die Bewacher der Burg gefahrlos die Umgebung beobachten und, wenn sich wirklich ein Feind näherte, auch eine Waffe durchstecken und auf den Angreifer schießen konnten. Wachsam mussten also nicht nur die Söldner auf der Wehranlage sein, sondern auch jeder, der sich der Burg ohne friedliche Absicht näherte.

Wahrscheinlicher aber ist die Herkunft dieses Rates „Holzauge, sei wachsam“ aus dem Schreinerhandwerk. Denn schon seit Jahrhunderten wird Holz mit einem Hobel geglättet. Mit der Klinge des Hobels wird dabei das Holzstück Schicht für Schicht bearbeitet, bis es die gewünschte Oberfläche und Form besitzt. Doch dabei muss man gut aufpassen; denn manche Stellen im Holz sind härter als andere, nämlich die „Holzaugen“, also diejenigen Stellen, an denen ein Ast am Stamm gewachsen ist. Dort kann der Hobel leicht hängen bleiben oder man rutscht ab, und die Fläche wird dann nicht mehr so glatt und eben wie erhofft. Es braucht da an diesen Stellen mehr Mühe und mehr Kraftanstrengung als sonst, und auch Sorgfalt und Umsicht, damit der Hobel nicht stumpf wird oder gar die Klinge bricht. Da an diesen Stellen, so die Erklärung, habe der Meister seinem Lehrling zugerufen: „Pass auf! Ein Holzauge! Sei wachsam“, und dieser Warnruf habe sich schließlich zur heutigen Redewendung verkürzt: „Holzauge, sei wachsam!“

Was auch immer man von dieser Erklärung halten mag: Wachsamkeit, Umsicht, Aufmerksamkeit sind allerdings nicht nur im Schreinerhandwerk nötig. Auch in unserem Leben braucht es immer wieder die Besinnung darauf, was nottut, was wichtig ist und am Ende zählen wird. Viele Ängste und Sorgen machen uns zu schaffen – wie dem Schreinerlehrling, der sich mit den harten Stellen im Holz abmühen muss. Verdickungen, Knoten, die sich irgendwie nicht auflösen lassen, Störungen, die uns belasten – das gibt es auch bei uns. Von daher kann man auch gut verstehen, was das heutige Evangelium in etwas drastischen Bildern schildert: bedrohliche Vorgänge am Ende der Welt und apokalyptische Szenen. All das aber müssen wir nicht erst am Ende der Welt suchen. Schon hier und heute gibt es vieles, was uns Angst und Sorge bereitet: Kriege und Katastrophen, so manche Krankheit und manches Leiden, Streit in Beziehungen und mit den Mitmenschen, Einsamkeit und Verlorenheit, berufliche Lasten und Überforderung.

Gerade da aber möchte uns das heutige Evangelium Mut machen; denn es heißt dort ja auch: „Wenn dies beginnt, dann richtet euch auf und erhebt eure Häupter; denn eure Erlösung ist nahe" (Lk 21,28). In aller Not sind wir nicht allein gelassen. Gott selbst wird kommen und wird da sein bei uns in seinem Sohn, so wie er es schon bei der ersten Ankunft des Gottessohnes hat Wirklichkeit werden lassen.

Wachsamkeit und Umsicht sind darum notwendig, wenn es mit diesen Verhärtungen, mit diesen schweren Zeiten umzugehen gilt. Aufmerksamkeit braucht es aber auch, um die Zeichen der Nähe Gottes nicht zu übersehen, um seine Spuren in unserem Leben wahrzunehmen, selbst dann, wenn wir noch so sehr bedrängt werden. „Wacht und betet allezeit" ist darum die zweite Forderung des heutigen Evangeliums. Mit Zuversicht sollen wir Christen durch diese Zeit, durch unser Leben gehen, aber auch als wachsame und achtsame Menschen: achtsam zwar dafür, wo es schwere, harte Zeiten geben kann, aber noch mehr achtsam und aufmerksam für das, was einmal wirklich Bestand haben wird, was Kraft geben wird in diesen Zeiten.

„Semper vigilans" – „immer wachsam" – so lautet das Motto der Stadt San Diego in Kalifornien. Der Stadtrat dieser Millionenmetropole hatte dabei wohl weniger die militärische Verteidigung im Sinn oder gar einen Überwachungsstaat. Viel eher lag der Fokus auf der Achtsamkeit für das Leben in der Gemeinschaft der Stadt, wachsam für das zu sein, was notwendig ist in der jeweiligen Zeit, damit Menschen hier gut leben können.

Diese Art von Wachsamkeit, von Umsicht und Aufmerksamkeit legt uns auch die kommende Zeit des Advents nahe. Wir dürfen nicht bei den Ängsten und Sorgen stehenbleiben. Besonnen und nüchtern sollen wir vielmehr entdecken, woran ein gutes Leben hängt und was uns hier im Glauben tragen kann. Denn das wird uns helfen, dann auch besser mit den Verhärtungen und Lasten des Lebens umgehen zu können.

PREDIGTVORSCHLAG II

GEGEN ALLE ANGST

Angst ist ein schlechter Ratgeber, so sagt man. Und doch ist sie ein steter Begleiter des Menschen. Umfragen bestätigen dies zuhauf. Unter der Rubrik „Wovor haben Sie Angst?" spiegeln sich oftmals die jeweiligen politischen und gesellschaftlichen Verhältnisse wider; aber auch ganz private Probleme kommen hier vor. Die Antworten nennen etwa die Sorge um den Arbeitsplatz, um die wirtschaftliche Lage, um Familie und Partnerschaft, um den Frieden in der Welt und um Sicherheit, aber auch um Gesundheit und um das eigene Leben.

Auch Jesus scheint sich im heutigen Evangelium unter die Angstmacher zu begeben: Von welterschütternden Ereignissen ist da die Rede, von einem wahrhaft infernalischen Ende der Menschheit, wie es das Genre der Katastrophenfilme in den Kinos nicht besser hätte erfinden können. Dann heißt es sogar: „Die Menschen werden vor Angst vergehen in der Erwartung der Dinge, die über den Erdkreis kommen" (Lk 21,26). Angst scheint zum Leben und darum auch zum Glauben zu gehören. Ist es wirklich unser Schicksal, „vor Angst zu vergehen", ist der Schrecken unsere Bestimmung, oder aber will uns mit dem Evangelium doch anderes gesagt sein? Wie können wir mit unserer Angst in rechter Weise umgehen?

Manche Menschen meinen eine Lösung für ihre Ängste gefunden zu haben, indem sie sie einfach überdecken. Niemand soll wissen, welche Defizite sie haben. Es ist die Leistung, der Erfolg, das strahlende Lächeln, was zählt. Auch im Untergang wird hier noch ein Victory-Zeichen gemacht, die Bilanz gefälscht. Der starke Mensch darf seine Blößen nicht eingestehen – nicht sich selbst, erst recht nicht den anderen. Kann aber so die Angst wirklich besiegt werden? Oder wird sie durch ihr Vertuschen nicht doch nur noch größer?

Die Paradieserzählung im Genesis-Buch der Bibel kann vielleicht so gedeutet werden: Der Mensch entdeckt seine Fehler, seine geschöpfliche Unvollkommenheit, seine Gebrochenheit, und er gerät in Furcht darüber, dass seine Existenz so wenig Halt besitzt, so häufig angefochten wird, so zerbrechlich ist. Er will mehr sein als eine verletzliche Kreatur. Er will sein wie Gott, will sich selbst in die Mitte stellen, selbst, aus eigener Kraft stark sein.

Aber das kann nur schiefgehen. Denn die Möglichkeiten des Menschen allein reichen nicht aus. Gewiss, er ist mit Geist ausgestattet, mit Freiheit, mit Verstand, er hat die Fähigkeit, diese Welt zu erkennen und zu erforschen und schließlich auch Gottes Wirklichkeit zu erahnen. Aber sich selbst halten und erhalten kann er nicht. Das überfordert seine Kräfte. Immer wieder erfährt er sich so zurückgeworfen auf sein gebrochenes Dasein.

Der starke Mensch ist nicht die Lösung der Angst. Genauso wenig aber wohl das Gegenteil. Wer nur seine Ängste sieht, wer nur die Gefahren des Daseins im Blick hat, der ist wie gelähmt, der bringt nichts voran, der kann nicht leben. Wie aber können wir unsere Verletzlichkeit und Unvollkommenheit dann bewältigen?

„Wenn dies beginnt, dann richtet euch auf, und erhebt eure Häupter; denn eure Erlösung ist nahe" (Lk 21,28). Dieses trostreiche Wort des heutigen Evangeliums gibt uns einen wichtigen Hinweis. Letzten Halt findet der Mensch nicht in sich, wohl aber in Gott. Von Gott darf er sich getragen wissen, in allem, was geschieht. Der Mensch, der auf Gott vertraut, erwartet nicht alles von sich selbst. Er kennt einerseits seine Schwächen und Fehler, bleibt andererseits aber gerade nicht dabei stehen, weil er sich in seinen unvermeidlichen Ängsten von Gott gestützt weiß.

Der Theologe Eugen Drewermann hat immer wieder betont, dass die christliche Religion dem Menschen die Angst, die Lebensangst nehmen will. Gewiss, es wäre zu wenig, wenn wir den christlichen Glauben nur in dieser Dimension als Heilmittel gegen die Angst verstehen würden. Aber es ist schon was dran: Der Glaube an Christus will Mut machen, er will Mut machen für unser Leben, für die Aufgaben darin – trotz und gerade angesichts unserer vielfachen Gebrochenheit, unserer Verletzlichkeit. Der in dieser Welt und Zeit von vielen Nöten und Sorgen bedrängte

Mensch findet Halt und Geborgenheit nur bei Gott. Christentum ist eine Mutmacher-Religion, so könnten wir sagen.

Vor allem die Menschwerdung Christi, das Kommen des Gottessohnes in diese Welt ist dafür ein treffender Beweis. Gott selbst geht ein in diese von Ängsten zerschundene Welt, er setzt sich selbst der Angst aus, angefangen von den Strapazen einer Geburt in elendsten Verhältnissen, in einer bitterkalten Nacht im Dreck des Stalls von Betlehem, bis hin zum jämmerlichen Verbrechertod am Kreuz. Christus nimmt die Schrecken dieser Welt auf sich, er durchlebt die tiefsten Ängste des Menschseins und zeigt uns so, wie nahe Gott uns kommt, wie sehr er bei uns ist, ein wie starker Halt er für uns sein will.

Der Advent ist die Zeit dieser Welt. Und zu dieser Welt gehören, wie wir tagtäglich erfahren, vielfaches Leid und Not, es gehören dazu die Ängste der Menschen. Aber dies ist noch nicht alles. Es ist uns Grund zur Hoffnung und Zuversicht geschenkt. Wir dürfen Mut schöpfen aus dem Kommen Christi – damals bei seiner Geburt vor zweitausend Jahren und am Ende der Zeit bei seiner Wiederkunft. Gott lässt den in seiner Existenz gebrochenen Menschen nicht allein; nein, er steht zu ihm und bietet sich ihm als rettender Anker an.

Mit diesem festen Halt können wir gegen die Ängste und Nöte dieser Welt angehen. Darum beten wir in diesen Tagen mit dem Wort, mit dem die ersten Christen in ihrer misslichen Lage um die Wiederkunft Christi beteten: Komm, Herr Jesus – Maranatha. Komm in unsere Zeit.

2. ADVENTSSONNTAG A

EIN REIS AUS DEM BAUMSTUMPF ISAIS

1. L: Jes 11,1–10 | 2. L: Röm 15,4–9 | Ev: Mt 3,1–12

Liturgische Begrüßung

Jesus Christus, mit dessen Kommen das Reich Gottes anbricht, sei mit euch!

Einführung Viele Menschen stecken in diesen Tagen bereits tief in Vorbereitungen für das Weihnachtsfest; sie suchen nach Geschenken, überlegen, was es zu essen geben soll, und vieles andere mehr. Aber die wichtigste Vorbereitung fängt bei uns selbst an: Wie offen, wie bereit sind wir dafür, Christus in unsere Welt, in unser Leben einzulassen?
Jede Messe, jeder Gottesdienst, den wir feiern, will Begegnung sein mit Jesus Christus, dem Gottessohn, der mit seinem Wort und in den Zeichen von Brot und Wein in unser Leben eintreten möchte. Machen wir uns bereit für seine Ankunft bei uns.

Kyrie-Rufe Herr Jesus Christus,

- Johannes der Täufer hat auf dich hingewiesen und dir den Weg bereitet.
- wie Johannes rufst auch du die Menschen auf, sich neu Gott zuzuwenden.
- du lässt uns Gottes verzeihende und barmherzige Liebe erfahren.

Fürbitten Gott, unser Vater, sendet uns Jesus Christus, seinen Sohn, den verheißenen Retter und Heiland aus der Wurzel Isais. Er bringt Frieden und Gerechtigkeit. Darum lasst uns beten:

- Für die Menschen in den Krisengebieten dieser Erde: Steh ihnen bei und lass sie den Mut nicht verlieren!

V/A Herr, erhöre uns!

- Für die Länder, in denen Krieg, Gewalttat und Terror herrschen: Beende den Hass und die Verblendung unter den Menschen und führe die verfeindeten Gruppen zu Versöhnung und Frieden!
- Für die Verantwortlichen in Staat und Gesellschaft: Gib ihnen deinen Geist, damit sie ihre Entscheidungen zum Wohl und zum Frieden unter den Menschen treffen!
- Für alle Menschen, die an einen Gott glauben: Gib, dass die verschiedenen Religionen sie nicht trennen, sondern zum friedlichen Zusammenleben stärken!
- Für unsere Verstorbenen: Gib ihnen Anteil an deinem Reich des Friedens und der Liebe!

Herr, unser Gott, du bist der Grund unserer Hoffnung. Dich loben und preisen wir jetzt und in alle Ewigkeit. Amen.

PREDIGTVORSCHLAG I

FRIEDE IST MÖGLICH!

Tiger und Ziegenbock – das sind nicht gerade die besten Freunde, so könnten wir meinen. Vor ein paar Jahren jedoch machte eine Meldung in den Medien Schlagzeilen, die genau davon berichtete. In einem Zoo im russischen Wladiwostok hatte sich der Sibirische Tiger Amur mit dem Ziegenbock Timur angefreundet. Eigentlich war die Ziege als lebendige Mahlzeit in das Gehege des Tigers gebracht worden. Doch der Tiger hatte den Bock dann wider Erwarten mehr als nur zum Fressen gerne. Offenbar wollte der Tiger einen Gefährten, um nicht mehr alleine zu sein. Seither streiften die beiden in trauter Zweisamkeit durch das Gehege, der Tiger voran, die Ziege hinterher. Und auch ganz friedlich lagen sie immer wieder zusammen und ruhten sich gemeinsam aus. Irgendwie hatte der Tiger den Ziegenbock als gleichberechtigtes Wesen akzeptiert und suchte seine Nähe.

Dann aber kam eines Tages doch die Wende, so berichteten die Medien später: Weil der Ziegenbock ihn immer wieder ärgerte und herausforderte, verpasste der Tiger ihm mit seiner Pranke einen Hieb und verletzte ihn, womöglich unabsichtlich, schwer. Gefressen jedenfalls hat der Tiger ihn dennoch nicht, aber die Wärter nahmen den Ziegenbock nun vorsorglich aus dem Gehege, sodass er wieder gesund werden konnte.

Berichte über ungewöhnliche Tierfreundschaften wie diese gibt es immer wieder einmal. Man braucht auch nur an den Hund und die Katze zuhause zu denken, die eigentlich Feinde sein sollten, sich zuweilen dann aber doch vertragen und manchmal sogar nebeneinander schlafen. Vielleicht waren es solche Beobachtungen, die den Propheten Jesaja zu seiner berühmten Schilderung vom paradiesischen Frieden unter den Tieren anregten, die wir vorhin in der ersten Lesung gehört haben:

> „Der Wolf findet Schutz beim Lamm, der Panther liegt beim Böcklein.
> Kalb und Löwe weiden zusammen, ein kleiner Junge leitet sie.
> Kuh und Bärin nähren sich zusammen, ihre Jungen liegen beieinander.
> Der Löwe frisst Stroh wie das Rind.
> Der Säugling spielt vor dem Schlupfloch der Natter,
> und zur Höhle der Schlange streckt das Kind seine Hand aus“ (Jes 11,6–8).

Ein wahrhaft friedliches Idyll, das uns hier gezeigt wird. Schnell freilich wächst zugleich in uns die Skepsis, wenn wir so etwas hören: Ist das nicht eine völlige Utopie? Ist das nicht ganz und gar unrealistisch? Macht uns der Prophet Jesaja hier nicht falsche Hoffnungen?

Jesaja allerdings hat bei seinen Worten eigentlich nicht die Tierwelt im Blick, auch wenn er von der einen oder anderen ungewöhnlichen Tierfreundschaft inspiriert sein mag. Die tierischen Gestalten sind bei ihm vielmehr Bilder für Menschen, für Staaten und Königreiche.

Israel befand sich damals zur Zeit des Jesaja in einer Situation der Ohnmacht, bedrängt von übermächtigen Nachbarn – ihren Ansprüchen, Kriegen und Kämpfen gegenüber schutz- und hilflos ausgeliefert. Friede war da nicht in Sicht. Und werden nicht auch heute manche Länder und Staaten durchaus mit einem Tier symbolisiert? Man denke etwa nur an den russischen Bären, den Stier, der für Europa steht, den bayerischen Löwen, den deutschen Bundesadler oder das Wappentier der USA, den Seeadler. So stehen auch die Tiere hier in der Vision des Jesaja letztlich für die Sehnsucht nach Frieden unter den Völkern, nach Verständigung und Versöhnung zwischen den Menschen.

Aber ist dieser Friede überhaupt erreichbar? Der Journalist Franz Alt hat diesbezüglich zu Beginn der achtziger Jahre, ausgehend von der Bergpredigt, ein flammendes Bekenntnis abgelegt mit seinem Buch: „Friede ist möglich". Und das tat Alt gerade in einer Zeit, in der die Welt noch immer vom Kalten Krieg zwischen Ost und West geprägt war und von der ganz realen Gefahr einer atomaren Auseinandersetzung. Alt plädierte für einen Abbau der Atomwaffen und für eine Annäherung der Mächte – ein Wunsch, der zunächst noch ganz utopisch erschien. Doch in den 1990er Jahren folgte dann tatsächlich eine Zeit der Abrüstung und des Schwindens des Ost-West-Gegensatzes – eine Entwicklung, die man wenige Jahre zuvor kaum für möglich gehalten hätte. Heute jedoch gibt es erneut in unserer Welt viele Kämpfe, Kriege und Unrechtsregime, und die rücksichtslosen Demagogen und Despoten feuern diese Entwicklung nur noch mehr an.

Dabei könnten wir vieles schon aus der Natur lernen. Selbst die Tiere, die nur ihren Instinkten folgen, handeln manchmal so ganz anders und suchen ein friedliches Zusammenleben mit anderen. Wie viel mehr müsste das dann doch erst der Mensch tun! Er dürfte eigentlich nicht mehr seinen tierischen Antrieben gehorchen, sondern müsste sich von seiner Vernunft und dem Gebot der Nächstenliebe leiten lassen. „Friede ist möglich", so ruft uns im Grunde schon der Prophet Jesaja zu: Er ist möglich, wenn der Mensch nur will und sich dafür einsetzt. Der Friede ist möglich, wenn der Mensch sich an Gottes Willen ausrichtet und seinen Worten folgt.

Der Advent ist eine Zeit, die neu dazu aufruft, uns für den Frieden einzusetzen und diese wichtige Aufgabe nicht aus den Augen zu verlieren. Friede darf keine bloße Utopie bleiben. Er muss schon jetzt, hier und heute Wirklichkeit werden, und zwar dadurch, dass man Gott in sein Leben einlässt, Gottes Geist der Weisheit und der Einsicht, seinen Geist des Rates und der Stärke, der Erkenntnis, der Gottesfurcht. Der Friede wird dann geschenkt, wenn man sich öffnet für Gottes Ankunft, wenn man ihm den Weg bereitet in unsere Welt hinein.

PREDIGTVORSCHLAG II

NEUES LEBEN AUS DEM ALTEN

Auf dem Hof meiner Eltern gab es bis zum vorletzten Winter einen großen, mächtigen Lindenbaum, wie er früher bei vielen alten Bauernhöfen stand. Mein Großvater erzählte mir, dass er schon in seiner Jugendzeit den Stamm dieser Hoflinde nicht mehr mit seinen Armen hatte umfassen können. So alt und groß war der Baum bereits damals. Für mich war dieser Baum immer auch ein Stück Heimat; denn in seinem Schatten haben wir als Kinder gespielt. Eine Schaukel war früher an einem seiner Äste befestigt, und das Rauschen der Blätter, der Duft der Lindenblüten und das Surren der Bienen waren uns ungemein vertraut in ihrer beruhigenden Kraft.

Da war es schon recht schmerzlich zu sehen, wie Stürme in den vergangenen Jahren dem Baum immer mehr zugesetzt haben. Äste mit stattlichem Umfang – fast schon selbst ein eigener Baum – brachen ab und krachten nach unten. Der riesige Baum – er wurde mehr und mehr zu einer Gefahr; nicht auszudenken, wenn er seinen Stand verlieren und auf Haus oder Scheune stürzen würde.

Darum hat ihn mein Bruder dann im vorletzten Winter umschneiden lassen. Doch dabei zeigte sich: Schon längst war der Baum innen angefault und hohl geworden. Eindringendes Wasser muss ihm seit längerer Zeit zugesetzt haben. Am Stamm jedenfalls war nur noch ein Rand von etwa 20 Zentimetern Holz übrig; dahinter war alles morsch und ausgehöhlt. Das traurige Ende des alten Lindenbaumes – es war nur eine Frage der Zeit, bis er von selbst zerbrochen wäre. Sein Schicksal war längst besiegelt.

Und dennoch: Im Sommer hat der Stamm wieder ausgetrieben. Ein Strauch mit vielen Zweigen ist nun an *der* Stelle entstanden, an der früher die uralte Hoflinde stand. Sie ist nicht tot, sondern sie lebt weiter, noch immer. Und wer weiß, ob nicht auch ein neuer Baum wieder daraus erwachsen kann.

Nichts anderes schildert uns der Prophet Jesaja in der heutigen Lesung: „An jenem Tag wächst aus dem Baumstumpf Isais ein Reis hervor, ein junger Trieb aus seinen Wurzeln bringt Frucht" (Jes 11,1). Wie abgehauen, wie tot muss sich offenbar auch Israel damals vorgekommen sein. Die großen Zeiten der Könige Saul, David und Salomo waren längst vorüber. Israel sah sich von übermächtigen Feinden umgeben, allen voran das Riesenreich Assur. Wie sollte es da noch Bestand haben?

Parallelen zur heutigen Zeit lassen sich hier leider nur zu leicht ziehen. Wir brauchen nur an die Kriege der Gegenwart zu denken, etwa den Krieg Russlands gegen die Ukraine, an die furchtbaren Zerstörungen, an die vielen Toten und Verletzten, an die seelischen Leiden, an die schwierige Lage für die Bevölkerung angesichts von Winter und Kälte und der kriegsverbrecherischen Zerstörung der zivilen Infrastruktur. Wie abgehauen, wie umgeschnitten wirkt da auch die Zukunft eines ganzen Landes, die Zukunft der Menschen dort, mit Auswirkungen weit darüber hinaus.

In dieser Situation zu trösten und Hoffnung zu wecken, ist gewiss nicht leicht. Jesaja, der Prophet, versucht es dennoch zu seiner Zeit. Immer wieder redet er den Verantwortlichen ins Gewissen. Vor allem ermahnt er sie, nicht zu sehr auf die eigene Kraft und Klugheit zu setzen, sondern vielmehr Gottes Beistand und Hilfe zu erbitten. Aber Jesaja macht auch Mut, gerade mit dem Bild vom abgehauenen Baumstumpf. Die Lebenskraft ist noch nicht erloschen; sie wird sich als stärker erweisen, stärker noch als jede vernichtende Macht. Die Hoffnung ist nicht zu besiegen; denn das Leben wird sich seine Bahn brechen, auch in düstersten Tagen.

Dieses Hoffnungsbild gibt Jesaja den Menschen seiner Zeit mit. Rettung ist möglich, der Weg in eine bessere, in eine friedvollere Welt. Doch zugleich braucht es auch die Mahnung, den Aufruf zur Umkehr, wie wir das heute in eindringlichen Worten aus dem Mund Johannes' des Täufers gehört haben. Wenn der Mensch immer nur auf sich baut, wenn er nur immer seinen Vorteil sucht, wird es keine friedlichere Welt geben können. Was wie ein beschauliches Idyll wirkt, ist in Wirklichkeit eine handfeste Ermahnung, wenn bei Jesaja vom paradiesischen Frieden zwischen den Völkern die Rede ist: Selbst die triebgesteuerten Tiere werden es zuwege bringen, miteinander in Frieden zu leben. Aber wird das auch dem Menschen gelingen, der sich frei für oder gegen das Gute entscheiden kann?

Für Jesaja ist klar: Gott will eine gute, eine heilvolle Zukunft für den Menschen. Aus der Not von Unfrieden und Gewalt will er ihn erretten. Das aber ist nur dann möglich, wenn der Mensch sich an diesen Gott hält, wenn er offen ist für dessen Weisung und sein Leben danach ausrichtet. Dann ist auch eine trostlose Welt nicht verloren; denn ein junger Trieb, das neue Leben wird sich durchsetzen.

2. ADVENTSSONNTAG B

TRÖSTET, TRÖSTET MEIN VOLK!

1. L: Jes 40,1–5.9–11 | 2. L: 2 Petr 3,8–14 | Ev: Mk 1,1–8

Liturgische Begrüßung

Der Herr, der Trost der Welt, dessen Kommen wir erwarten, sei mit euch!

Einführung

Advent ist die Zeit der Erwartung. Aber erwarten wir tatsächlich noch etwas – von uns selbst, von unseren Mitmenschen, von Gott? Allzu oft werden doch unsere Hoffnungen und Sehnsüchte durch die Routine des Alltags und durch lähmende Gleichgültigkeit zugeschüttet. Zumindest Gott aber dürfen wir nicht einfach abschreiben. Barbara, Nikolaus, Johannes der Täufer und all die anderen Heiligen im Advent versichern uns: Von Gott ist wirklich noch etwas, ja alles zu erwarten; denn *Er* wartet – und zwar auf uns – und *Er* will in dieser Zeit zu uns kommen. So rufen wir vertrauensvoll im Kyrie:

Kyrie-Rufe

Herr Jesus Christus,
- du Sehnsucht aller Völker.
- du Trost der ganzen Welt.
- du Hoffnungszeichen für alle Menschen.

Fürbitten

Der ewige Gott will uns Menschen nahe sein. Auf das Kommen seines Sohnes in diese Welt wollen wir uns in den Tagen des Advents vorbereiten. Zu ihm lasst uns rufen:

V Gott, unser Vater.

A Wir bitten dich, erhöre uns!

- Hilf deiner Kirche, glaubwürdig und überzeugend die Frohbotschaft von Jesus Christus, deinem menschgewordenen Sohn, zu verkündigen!
- Tröste alle, die im Blick auf die Zukunft von Angst und Sorge erfüllt sind, und schenke ihnen Hoffnung und Zuversicht!

- Lass die Politiker mit Weitsicht und Klugheit handeln, damit in den Nöten dieser Zeit Gerechtigkeit und Frieden wachsen können!
- Nimm unsere Verstorbenen auf in dein Reich des Lebens und der Freude und tröste die Hinterbliebenen!

Allmächtiger, gütiger Gott, gib uns die Kraft, in unserer Welt und in unserem Leben die Wege zu ebnen für das Kommen deines Sohnes Jesus Christus, unseres Herrn. Amen.

PREDIGTVORSCHLAG I

WO BLEIBST DU, TROST DER GANZEN WELT?

„Es gibt keine Tröstung, trauriger Freund, der Mensch ist ein untröstbares Tier." – Ein vernichtendes Wort ist das. Der Literaturnobelpreisträger von 1998, der Portugiese José Saramago, hat es einer seiner Figuren in dem Roman „Das Steinerne Floß" in den Mund gelegt. Was in unserem Alltag oft leicht und flapsig aufgenommen wird, wenn wir beispielsweise davon reden, ob jemand noch „bei Trost ist", ob jemand ein „Trostpflaster" oder gar ein kleines hochprozentiges „Trösterchen" braucht, und schließlich, wenn wir uns damit entschuldigen, „untröstlich" zu sein, schnell aber dann doch wieder frohen Mutes sind, das führt die Romanzeile von Saramago auf den Ernst der Sache zurück. Gibt es wirklich „keine Tröstung", ist der Mensch tatsächlich ein „untröstbares" Wesen, ist jeder Trostversuch von vorne herein zum Scheitern verurteilt?

Gott selbst jedenfalls scheint sich von solchen Zweifeln nicht entmutigen zu lassen. In der heutigen Lesung aus dem Jesaja-Buch hören wir seinen ausdrücklichen Auftrag zum Trösten:

> „Tröstet, tröstet mein Volk, spricht euer Gott.
> Redet Jerusalem zu Herzen und ruft ihr zu,
> dass sie vollendet hat ihren Frondienst,
> dass gesühnt ist ihre Schuld" (Jes 40,1–2a).

Überraschend sind diese Worte. Denn den ersten Teil des Jesaja-Buches, der wohl aus früherer Zeit stammt und auf eine andere Prophetengestalt – den sogenannten „ersten Jesaja", „Protojesaja" –

zurückgeht, diesen ersten Teil prägen noch ganz andere Töne, nämlich die Ankündigung von Gericht und Unheil, sofern sich Israel nicht bekehrt und nicht von seinen ungerechten Taten ablässt.

Nun aber, nach einigen Jahrzehnten, ja Jahrhunderten, ist die Situation grundlegend gewandelt. Das Heimatland Israels ist von Fremden erobert worden, Jerusalem und sein Tempel sind zerstört, die Oberschicht und weite Teile des Volkes in die Babylonische Gefangenschaft verschleppt und versklavt worden.

Psalm 137 berichtet von den Empfindungen der Israeliten in der Verbannung; darin heißt es:

> „An den Strömen von Babel,
> da saßen wir und weinten, wenn wir Zions gedachten.
> An die Weiden in seiner Mitte hängten wir unsere Leiern (...)
> Wie hätten wir singen können die Lieder des Herrn,
> fern, auf fremder Erde?"

Also hat der Dichter doch recht, wenn er schreibt: „Es gibt keine Tröstung, trauriger Freund"?

Und wir? Könnte uns unser Dasein nicht auch oftmals als das eines untröstbaren Wesens erscheinen? Wie viele Vertreibungen, Gefangenschaften und ungerechte Frondienste gibt es in unserem Leben? Auch wir sitzen so manches Mal „an den Flüssen von Babel", fern der Heimat, fern von Geborgenheit und Vertrauen, fern dem Wissen, dass wir von anderen gehalten werden. Und unsere Lieder: Tragen sie noch Freude in sich – oder doch eher Bitterkeit und Trauer?

Israel hat damals in seiner bedrängenden Not von Gott Hilfe erfahren dürfen. Die Lesung, die wir heute gehört haben, spricht davon. Der zweite Teil des Jesaja-Buches – Deutero-Jesaja genannt – enthält weniger Gerichtsankündigung als Trostrede. Darin heißt es weiter:

> „Erheb deine Stimme mit Macht, Jerusalem, du Botin der Freude!
> Erheb deine Stimme, fürchte dich nicht!
> Sag den Städten in Juda: Siehe, da ist euer Gott.
> Siehe, Gott, der Herr, kommt mit Macht,
> er herrscht mit starkem Arm" (Jes 40,9 f.).

Tatsächlich wurde das Volk Israel aus der Babylonischen Gefangenschaft befreit und durfte wieder heimkehren. Der Tempel wurde neu aufgebaut, ebenso die Stadt Jerusalem. So hat sich Gottes tröstende Zusage erfüllt.

Und unsere „Gefangenschaften", unsere Nöte, unsere Bitterkeiten? Noch immer gibt es in unserer Welt mannigfache Trostbedürftigkeit, so manches Mal erschreckend viel sogar.

> „Wo bleibst du, Trost der ganzen Welt,
> darauf sie all ihr Hoffnung stellt?
> O komm, ach komm vom höchsten Saal,
> komm, tröst uns hier im Jammertal."

So hat es Friedrich von Spee in seinem Lied „O Heiland, reiß die Himmel auf" 1622 – also mitten in den Wirren des Dreißigjährigen Krieges – zum Ausdruck gebracht.

„Tröstet, tröstet mein Volk, spricht euer Gott." Diesen Trost ersehnen wir, gerade in der Zeit des Advents. Wir erhoffen ihn – wie damals Israel – von Gott her in seinem rettenden Eingreifen. Wir erhoffen ihn, auch wenn vieles uns so untröstbar und ausweglos erscheint. Wir suchen ihn im Kommen Christi, des Herrn, in dem deutlich wurde: „Seht, da ist euer Gott" – *der* Gott, dessen Nähe tröstet und heilt.

PREDIGTVORSCHLAG II
BAHNT DEN WEG FÜR DEN HERRN!

Der rote Teppich – wer würde nicht einmal gerne darüber laufen? Für Stars und Sternchen wird er ausgerollt, und was sonst ein ganz simpler Vorgang ist, nämlich empfangen zu werden und in ein Haus hineinzugehen, das wird hier regelrecht zelebriert, auch wenn es eigentlich nur ein paar wenige Meter sind. Aber das Blitzlichtgewitter, die Menge von Fans und Reportern links und rechts des Teppichs, abgeschirmt durch Bodyguards und Ordner, und schließlich die lauten Rufe der Journalisten um Interviews machen den roten Teppich zu etwas Besonderem. Kein Wunder, dass sich manche wünschen, auch einmal auf dem roten Teppich sein zu dürfen. Manche Prominente freilich können dem lauten und grellen Sich-Präsentieren dort nur wenig abgewinnen.

Dabei ist dieser Brauch des roten Teppichs offenbar schon recht alt. Bereits der antike Dichter Aischylos erzählt in seiner Tragödie

Agamemnon davon. Die Frau des Königs Agamemnon lässt für ihren Mann bei seiner Heimkehr aus dem Krieg um Troja einen Purpurteppich ausbreiten. Seine Füße sollen die Erde nicht berühren. Agamemnon weigert sich jedoch zunächst, den Teppich zu betreten; denn solch ein roter Teppich stehe nur den Göttern zu. Erst als die Königin sagt, dass Priamos, der König von Troja, sich nicht gescheut hätte, den Teppich zu betreten, lässt sich Agamemnon überreden. Doch vor dem Betreten des Teppichs zieht er noch seine Schuhe aus, um die Götter nicht noch mehr zu erzürnen.

Über so einen Teppich zu gehen, ist also eine besondere Ehre, so wird mit dieser kurzen Szene bei Aischylos deutlich. Und tatsächlich war es ja so: Stoffe rot färben zu können, war in der Antike sehr teuer und aufwändig. Der Farbstoff konnte nur von der Purpurschnecke gewonnen werden, aus einer speziellen Drüse dieser Schneckenart, und unzählige Tiere waren dazu nötig, um nur ein Gramm dieser Farbe zu bekommen. Entsprechend kostbar und wertvoll waren damals rote Teppiche.

Wäre es darum nicht angemessen, auch für Jesus solch einen roten Teppich auszurollen in diesen adventlichen Tagen? In der Lesung aus dem Buch des Propheten Jesaja haben wir heute ja die Aufforderung gehört:

> „In der Wüste bahnt den Weg des Herrn,
> ebnet in der Steppe eine Straße für unseren Gott!
> Jedes Tal soll sich heben, jeder Berg und Hügel sich senken.
> Was krumm ist, soll gerade werden, und was hügelig ist, werde eben“ (Jes 40,3 f.).

Mit ganz ähnlichen Worten wird das auch im heutigen Evangelium aufgenommen. Hindernisse sollen beiseite geräumt, die Straßen begradigt und ausgebessert werden, der Weg zu uns soll dem hohen Gast angemessen sein; denn Gott selbst will zu uns kommen. Wäre da nicht auch ein roter Teppich mehr als angebracht, wie es heute so Sitte ist?

Immerhin: Auch Jesus hat das einmal erfahren dürfen, dass sein Einzug unter Jubel erfolgte. Damals, als er in die Stadt Jerusalem kam, reitet er auf einem Esel. Die Jünger breiten ihre Kleider vor ihm aus, und die Leute jubeln ihm mit Palmzweigen zu. Aber diese Szene zeigt schon: Der rote Teppich – er passt hier nicht so recht. Denn Jesus zieht ja in großer Einfachheit und

Armut in Jerusalem ein, ganz anders als die Stars und Prominenten heutzutage im Blitzlichtgewitter, und was auf diesen Einzug dann folgt, zeigt das ebenso; denn es ist ja der Auftakt zu Jesu Verurteilung, Kreuzigung und Tod. Und auch der Anfang des Lebens Jesu entspricht dem: Auch da wird für ihn beileibe kein roter Teppich ausgelegt, auch wenn ihm dieser eigentlich gebührt. Armselig und notdürftig kommt der Sohn Gottes zur Welt. Er wird geboren in einem Stall, in einer Notunterkunft, weil in der Herberge kein Platz für ihn ist.

All das zeigt uns: Gott selber legt keinen Wert darauf, dass er mit großem äußerem Pomp und Glanz empfangen wird. Er braucht das alles nicht für sich. In aller Einfachheit und Bedürftigkeit kommt sein Sohn zur Welt. Aber wir – *wir* brauchen es, dass wir uns auf diese Geburt vorbereiten. Wir brauchen es, dass die Wege gebahnt und Hindernisse weggeräumt werden; wir brauchen es, dass gleichsam der innere, der geistliche rote Teppich in uns ausgerollt wird. Gott ist nicht angewiesen darauf, dass er von uns geehrt wird. Aber wir – wir gewinnen doch alles, wenn er zu uns kommt, wenn er uns seine liebende und heilmachende Nähe schenkt.

Und dafür gilt es, sich vorzubereiten und nicht nur die Häuser und Wohnungen zu schmücken, sondern noch viel mehr unsere Herzen und sie bereit zu machen für seine Ankunft in unserem Leben.

2. ADVENTSSONNTAG C

MAN WARTET, UND MAN HOFFT

1. L: Bar 5,1–9 | 2. L: Phil 1,4–6.8–11 | Ev: Lk 3,1–6

Liturgische Begrüßung

Jesus Christus, mit dessen Kommen das Reich Gottes anbricht, sei mit euch!

Einführung

Wozu Advent? Werbung und Wirtschaft wollen uns in diesen Tagen sehr aufdringlich klarmachen, dass dies die Zeit der Einkäufe und anderer solcher Weihnachtsvorbereitungen ist.
Wir Christen aber suchen in dieser Zeit viel mehr: Wir wollen unser Leben neu ausrichten, wir wollen das finden, was uns von Sorgen und Schuld befreit. Wir suchen Hoffnung und Zuversicht. Darin will Gott uns in seinem Sohn Jesus Christus nahekommen und uns stärken. Seine Hilfe rufen wir nun im Kyrie an.

Kyrie-Rufe

Herr Jesus Christus,
- Sohn Gottes, auf den Johannes der Täufer hingewiesen hat.
- Heil, das von Gott kommt.
- Licht auf den Wegen unseres Lebens.

Fürbitten

Lasst uns beten: Gott, unser Vater, Johannes der Täufer hat die Menschen aufgerufen, deinem Sohn die Straßen zu ebnen. Auch wir sollen unsere Stimme erheben gegen Lieblosigkeit und Unmenschlichkeit. Wir bitten dich:
- Hilf allen Getauften, deine Barmherzigkeit und Liebe unter den Menschen zu bezeugen und damit dir die Wege zu bereiten!
- Stehe allen bei, die unter den Lasten ihres Lebens zusammenzubrechen drohen und keinen Ausweg mehr sehen!

- Ermutige alle, die wieder umkehren wollen zu dir, einen neuen Anfang zu wagen!
- Tröste die kranken und einsamen Mitmenschen, damit sie neue Zuversicht schöpfen können!
- Rufe unsere Verstorbenen in dein Reich des Lebens und der Freude und stärke in uns die Hoffnung auf ein Wiedersehen!

Allmächtiger, barmherziger Gott, du hast allen Menschen dein Heil verheißen, die sich hinwenden zu dir. Dich loben und preisen wir heute und alle Tage unseres Lebens bis in Ewigkeit. Amen.

PREDIGTVORSCHLAG I

ADVENT – EIN GEFÄNGNIS?

Der Advent ist wie ein Gefängnis. – Merkwürdig, werden Sie sich vielleicht jetzt denken: So einen Vergleich haben wir noch nie gehört. Sind wir denn wie Straftäter in eine Zelle eingesperrt? Und was sollte denn ein Gefängnis mit der Vorbereitung auf das Weihnachtsfest zu tun haben?

Der Gedanke, dass Gefängnis und Advent miteinander zu tun haben, kommt nicht von ungefähr. Der evangelische Theologe Dietrich Bonhoeffer schreibt einmal an einen Freund: „Eine Gefängniszelle ist ein gutes Bild für den Advent. Die Adventszeit ist die Zeit der Erwartung. Man wartet, man hofft, man tut dies und jenes – letzten Endes Nebensächlichkeiten. Aber man ist gefangen. Die Gefängnistür bleibt geschlossen, sie kann nur von außen her geöffnet werden."

Bonhoeffer weiß, wovon er schreibt. Diese Zeilen stammen aus der Zeit, als er selbst im Gefängnis wartete, als er wartete auf die Vollstreckung seines Todesurteiles durch die Nationalsozialisten. Und doch gibt er auch in dieser Zeit die Hoffnung nicht auf. „Man wartet, man hofft", auch wenn man gefangen ist, so schreibt er. Die Tür geht nur von außen her auf. Man wartet auf das, was sich draußen tut, was draußen entschieden und getan wird.

Advent ist wie ein Gefängnis. Wenn man näher darüber nachdenkt, dann stellt man fest: Überraschend viele von den Gestalten des Glaubens, die uns in diesen Tagen begegnen, waren inhaftiert. Johannes der Täufer, von dem wir heute im Evangelium gehört hatten, wird bald von König Herodes gefangen genommen, in den Kerker gesperrt und enthauptet; denn der König will seiner schönen Gespielin damit einen Gefallen erweisen.

Jesu Schicksal ist uns ebenso gut vertraut. Dieses Mal sind es Pontius Pilatus, der römische Landpfleger, und die Hohepriester Kajaphas und Hannas, die seine Verhaftung und Hinrichtung beschließen.

Paulus schließlich schreibt seinen Brief an die Gemeinde von Philippi ebenso aus einer Zelle heraus. Vermutlich ist er in Ephesus festgenommen worden und wartet dort auf seine Anhörung. Die Freunde in Philippi sind entsetzt. Sie fragen: Wie geht es dir im Gefängnis, wie wird es mit dir weitergehen? Und Paulus antwortet. Aber er antwortet nicht mit Klagen über sich selbst, sondern mit Mahnungen, mit Bitten und mit Dank für seine Gemeinde. Aus seiner Feder stammen überaus trostreiche und hoffnungsvolle Worte, und das – man höre und staune – von einem Menschen, der für sich selbst mit dem Schlimmsten rechnen muss.

Die Letzte in dieser Reihe von adventlichen Gestalten des Glaubens ist die heilige Barbara. Ihren Gedenktag feiern wir am Anfang des Advents, am 4. Dezember. Die Legende berichtet, dass Barbara zu Zeiten einer großen Christenverfolgung lebte. Als sie wegen ihres Glaubens verhaftet wurde, verfing sich ein Zweig in ihrem Kleid. Zunächst dachte Barbara, der Zweig sei abgebrochen und tot. Dennoch stellte sie ihn in ihrem Gefängnis in ein Gefäß mit Wasser. Nach einigen Tagen soll Barbara hingerichtet werden. Noch einmal blickt sie auf den Zweig – und siehe da: Der Zweig hat auszutreiben begonnen und Blüten bekommen. Da wusste Barbara: Gott bringt das vermeintlich Tote zu neuem Leben, er sprengt die Ketten des Todes, er schenkt Hoffnung wider alle Hoffnungslosigkeit.

Advent ist die Zeit dieser Welt. Wir sind gefesselt in den Zwängen und Nöten unseres Lebens. Vieles lastet auf uns, viele Sorgen und Kummer nehmen uns gefangen. Nebensächlichkeiten bestimmen unseren Alltag.

Doch das ist beileibe noch nicht alles. Denn „man wartet und man hofft“. Die Tür „kann nur von außen geöffnet werden“. Und wir wissen: Die Tür *ist* aufgestoßen worden. Weil Gott in Christus zur Welt kam, weil er sich in dieses Gefängnis begeben hat, weil er uns mit seinem Tod aus dem Kerker der Gefangenschaft in Sünde und Schuld erlöst hat, deswegen haben wir Hoffnung.

Gott hat die Tür aufgetan, die diese Welt verschlossen hat. Kein Gefängnis der Welt kann diese Hoffnung einsperren und vernichten. Sie ist mächtiger als alle Mauern und Gitter. Mit Christi Kommen gehen wir hinein in ein neues Leben. Er hat uns wirklich frei gemacht. Das ist der Advent, den kein Gefängnis aufhalten kann.

PREDIGTVORSCHLAG II

AUCH WIR

Von Hannelore Bares stammt ein Gedicht, das nachdenklich macht. Es ist überschrieben mit „Rufer in der Wüste" und lautet:

> „Auch wir
> eingeladen Wegbereiter Jesu Christi
> und Rufer in der Wüste zu sein –
> Rufer in den Wüsten
> von Lieblosigkeit und Gleichgültigkeit,
> Sprachlosigkeit und Oberflächlichkeit,
> Ungerechtigkeit und Ausgrenzung,
> Hass und Neid, Streit und Gewalt …
>
> Auch wir
> eingeladen Wegbereiter der Erlösung
> und Hoffnungsbote des Lichts zu sein –
> Gottes Stimme zu Wort kommen zu lassen
> als Botschafter Seiner Liebe
> und Botschafter Seiner neuen Welt,
> um den Gebeugten neuen Lebensmut
> und neue Hoffnung zu schenken."[1]

Was Johannes der Täufer damals in der Wüstengegend um den Jordan getan hat, das scheint für uns ja zunächst ganz weit weg zu sein. Was geht es uns an, wenn Johannes damals zur Umkehr und zur Vergebungstaufe aufgerufen hat? Sind das nicht Ereignisse, die damals zwar Aufsehen erregt haben mögen, heute aber

1 https://www.spurensuche.info/portfolio/rufer-in-der-wuste/

wohl kaum mehr von Belang sein können? Ist Johannes nicht zu Recht sprichwörtlich ein „Rufer in der Wüste“ geworden, einer der ganz einsam dasteht und vielleicht ganz bedeutsame Worte spricht, denen aber heute kaum einer mehr Aufmerksamkeit schenkt oder gar schenken muss?

Hannelore Bares ist da offenbar anderer Meinung. „Auch wir“ – diese zwei Worte stellt sie den beiden Abschnitten ihres Gedichtes ganz pointiert voraus. Was Johannes damals getan hat, das betrifft *auch uns* heute – so will das heißen. Auch wir sind wie er damals eingeladen, ja dazu bestimmt, „Rufer in der Wüste“ zu sein, eine Stimme, die auf Wesentliches aufmerksam macht, selbst wenn darauf keiner mehr so recht hören oder daran glauben mag.

Denn unangenehm war ja die Verkündigung des Täufers Johannes allemal. Kein Blatt hat er vor den Mund genommen und die Ungerechtigkeit und Sünden der Menschen scharf angeprangert – die der Kleinen, aber auch der Großen. Viele haben sich davon angesprochen gefühlt, viele haben sich daraufhin zu ihm an den Jordan aufgemacht, haben ihre Fehler bereut und von ihm die Bußtaufe im Wasser empfangen. Unangenehm war das, gerade für die Mächtigen, und am Ende wird es ihn auch buchstäblich den Kopf kosten. Eine „einsame Stimme in der Wüste“, die man so ohne Weiteres auch überhören hätte können, das war Johannes somit beileibe nicht.

„Rufer in der Wüste“ muss er darum in einem anderen Sinn gewesen sein. In der Wüste rund um den Jordan ist er tatsächlich aufgetreten, aber mehr noch: Er hat auch die „Lebenswüsten“ der Menschen nur zu gut gekannt und offengelegt: „Lieblosigkeit und Gleichgültigkeit, Sprachlosigkeit und Oberflächlichkeit, Ungerechtigkeit und Ausgrenzung, Hass und Neid, Streit und Gewalt“. So nennt Hannelore Bares diese Lebenswüsten in ihrem Gedicht. Wüsten dieser Art lassen menschliches Leben verdorren und verdursten. Beziehungen, Freundschaft, Liebe und Vertrauen können in ihnen nicht mehr wachsen. Lebensfeindlich ist nicht nur die Natur in den trockenen Gegenden dieser Erde. Lebensfeindlich ist es auch, wo Menschen gegen Menschen stehen, wo keiner auf den anderen achtet und nur mehr seine eigenen Interessen verfolgt.

In solchen Wüsten des menschlichen Lebens Rufer zu sein – dazu sind auch wir eingeladen, so wie es uns einst Johannes der

Täufer vorgemacht hat. Wo das Leben von Menschen zu verdorren droht, da soll es wieder von Neuem aufblühen. „Wegbereiter der Erlösung“ und „Hoffnungsbote des Lichts“ sollen wir sein, und wie einst Johannes muss es auch uns angelegen sein, dass Gottes Wort *heute* zu Gehör gebracht wird: seine Frohbotschaft der Erlösung und seiner Liebe zu den Menschen, gerade zu denen, die von Sorgen und Nöten fast erstickt werden.

Wie Johannes sind auch wir eingeladen, dem Herrn die Wege zu bereiten – die Wege hin zu den Menschen. Zuversicht, Hoffnung und Lebensmut sollen die Menschen erfahren, weil Gott zu ihnen kommen will. Auch wir müssen dabei mithelfen, dass das Wirklichkeit werden kann – so wie einst Johannes, der Rufer in der Wüste.

3. ADVENTSSONNTAG A

JUBELN WERDEN DIE WÜSTE UND DAS TROCKENE LAND

1. L: Jes 35,1–6a.10 | 2. L: Jak 5,7–10 | Ev: Mt 11,2–11

Liturgische Begrüßung

Der Herr, der uns die wahre Freude schenken will, sei mit euch!

Einführung

„Gaudete" – „Freuet euch!" – So lautet der Name und damit auch die Botschaft des dritten Adventssonntags. Schon jetzt scheint etwas von dem durch, was an Weihnachten geschieht. Der Advent ist damit nicht bloß eine Zeit des Wartens und der unerfüllten Sehnsucht; er ist auch eine Zeit der Vorfreude, eine Zeit freudigen Erwartens. Als Christen wissen wir ja seit zweitausend Jahren: Jesus Christus ist mitten unter uns da, auch und gerade jetzt in dieser Eucharistiefeier. Deshalb huldigen wir ihm und rufen ihn im Kyrie um sein Erbarmen an.

Kyrie-Rufe

Herr Jesus Christus,

- auf dich hat Johannes der Täufer die Menschen verwiesen.
- du hast den Notleidenden Hoffnung und Heil gebracht.
- dein Kommen erfüllt die Menschen mit Licht und mit Freude.

Fürbitten

Wir alle sehnen uns nach der Ankunft Gottes in unserer Welt und in unserem Leben. Darum lasst uns beten:

V Christus, du Retter der Welt.

A Wir bitten dich, erhöre uns.

- Für alle Menschen, die Gott suchen, und für alle, die sich in dieser Adventszeit um die Erneuerung ihres Glaubens bemühen.

- Für alle, die wegen ihrer religiösen oder politischen Überzeugung verfolgt werden.
- Für die Menschen, die in diesen Wochen in besonderer Weise ihre Einsamkeit, die Zerstrittenheit der Familie oder den Verlust eines lieben Menschen spüren.
- Für alle, die keine rechte Freude mehr am Leben haben, die mutlos und verzagt sind.
- Für unsere Verstorbenen, die wir deiner barmherzigen Liebe anvertrauen.

Herr, du bist uns nahe und wirst einst wiederkommen, um die Welt zu vollenden. Durch dich preisen wir den Vater im Heiligen Geist, jetzt und in Ewigkeit. Amen.

PREDIGTVORSCHLAG I

HALTET GEDULDIG AUS

Advent und Landwirtschaft – geht das zusammen? Normalerweise sind diese frühwinterlichen Tage jetzt ja eher ruhige Tage für den Bauern. Große Arbeiten und hektische Betriebsamkeit stehen jetzt nicht an – ganz anders als etwa im Frühjahr bei der Aussaat oder im Spätsommer bei der Ernte. Jetzt sind die Felder bestellt oder vorbereitet für die winterliche Ruhe.

Und doch stellt uns die heutige Lesung aus dem Jakobusbrief gerade den Bauern als Vorbild vor Augen. Der Bauer – er steht für das geduldige Warten, das wir im Advent wohl brauchen, ja unser ganzes Leben lang; denn da heißt es:

> „Haltet geduldig aus bis zur Ankunft des Herrn!
> Siehe, auch der Bauer wartet auf die kostbare Frucht der Erde,
> er wartet geduldig auf sie, bis Frühregen oder Spätregen fällt.
> Ebenso geduldig sollt auch ihr sein;
> macht eure Herzen stark, denn die Ankunft des Herrn steht nahe bevor" (Jak 5,7).

Warten können und Geduld haben sind zwei Dinge, die für uns oft recht unangenehm sind. Wir brauchen nur etwa an die Zeit im Wartezimmer beim Arzt zu denken, an die Fristen, bis wir das

Ergebnis einer Prüfung oder Bewerbung erfahren, an das Anstehen an der Kasse im Supermarkt und vor einer Verkaufstheke. Niemand macht das wirklich gerne, und doch kommen wir oftmals nicht drum herum.

Auch vom Landwirt ist das verlangt, so weist uns der Jakobusbrief heute hin. Der Bauer *muss* ja geduldig sein; denn es hat keinen Sinn, etwa die Felder zu bestellen, wenn diese noch gar nicht vom Schnee frei und einigermaßen abgetrocknet sind. Es hat keinen Sinn, die Früchte ernten und einbringen zu wollen, bevor sie reif genug oder überhaupt gewachsen sind. Ein Bauer, so zeigen schon diese Beispiele, braucht tatsächlich Geduld. Das Wachstum der Saaten und Pflanzen braucht seine Zeit, und die Natur lässt sich da kaum beeinflussen. Dann aber muss der Bauer zugleich wissen, wann die Früchte reif sind, reif genug, um sie zu ernten und in seine Scheunen einzubringen. Er muss auch wissen, wann es Zeit ist, die Felder zu bearbeiten und eine neue Saat auszubringen.

Für den Verfasser des Jakobusbriefes trifft dieses Bild vom Bauern, der den rechten Zeitpunkt für Aussaat und Ernte abwartet, genau die Situation der Christen seiner Zeit. Viele sehnten sich nach einem Ende ihres Leidens, nach einem Ende ihrer Ungewissheit und Unsicherheit. Damals waren die Christen ja eine kleine Minderheit und wurden von allen Seiten bedrängt und verfolgt. Man kann gut verstehen, wenn sie damals fragten: Wo bleibt denn unser Herr? Will er uns wirklich helfen? Wie lange müssen wir noch auf ihn warten?

Hoffnungen, Sehnsüchte, und zugleich die Forderung und Mahnung, weiterhin auszuhalten, geduldig zu sein und zu warten – das trifft im Grunde auch unsere Situation im Hier und Heute. Der Advent erinnert uns an die vielen Wünsche und Sehnsüchte, an die ungestillten Träume und drängenden Bitten, die auch wir haben angesichts so mancher Nöte und Leiden, in unserem eigenen Leben und dem unserer Mitmenschen. Wann kommt endlich der, der uns frei machen und retten will? Warum müssen wir all das so lange ertragen? Gibt es überhaupt einen Ausweg?

Auch Johannes der Täufer war offenbar ein Mensch, der solche Fragen mit sich herumgetragen hat. Im heutigen Evangelium hören wir, wie er aus dem Gefängnis heraus, seinen nahen Tod vor Augen, anfragen lässt, ob Jesus denn der sei, der kommen soll, oder ob die Menschen weiter auf einen anderen warten müssen.

Jesus freilich antwortet nicht einfach mit einem Ja oder Nein, sondern sagt viel tiefgründiger:

> „Blinde sehen wieder, und Lahme gehen;
> Aussätzige werden rein, und Taube hören;
> Tote stehen auf, und Armen wir das Evangelium verkündet"
> (Mt 11,5).

Gott steht auf der Seite der Leidenden und Schwachen, so soll das heißen. Ihre Sehnsüchte werden erfüllt. Gott kommt den Menschen nahe in seinem Sohn Jesus Christus; er will ihnen Heil schenken. Das Warten und Hoffen kommt an ein Ziel. Das ist es, was alle geduldig, ja sehnsüchtig erwarten, so wie der Bauer die Zeit zur Aussaat und zur Ernte.

PREDIGTVORSCHLAG II

DIE WÜSTE LEBT

„Die Wüste lebt" – erinnern Sie sich noch an diesen Film? Rund siebzig Jahre ist es bereits her, dass die Walt-Disney-Studios diesen Dokumentarfilm in die Kinos brachten – ein unglaublicher Welterfolg. Unzählige Kinobesucher haben ihn gesehen; aber auch vor Schulklassen wurde er – und wird er vielleicht noch immer – gerne gezeigt. Sein Inhalt lässt tatsächlich staunen; denn man müsste doch meinen: Wenn es einen Ort hier auf Erden gibt, der absolut lebensfeindlich ist, der so unwirtlich ist, dass kein Lebewesen oder allenfalls nur ganz, ganz wenige auf Dauer dort überleben können, dann ist das die Wüste. Tagsüber brennt dort die Sonne erbarmungslos vom wolkenlosen Himmel herab; nachts wird es dafür eisig kalt, weil die schützenden Wolken fehlen. Überall nur Sand, staubiger Boden oder aber Geröll und Gestein – soweit das Auge reicht, manchmal Hunderte von Kilometern weit. Kein Wasser, kein Baum, allenfalls nur vertrocknete Sträucher und Grashalme – unwirtlicher kann man sich einen Flecken Erde kaum vorstellen.

Und doch gibt es in dieser trostlosen Landschaft mehr Leben, als man meinen möchte. Der Film „Die Wüste lebt" zeigt Tiere und Pflanzen, die sich an die Trockenheit gewöhnt haben und gut mit ihr zurechtkommen. Insekten, Schlangen, Skorpione, Kamele –

sie alle haben sich angepasst an ihre raue Umgebung und kennen die Orte, wo sie das zum Überleben Notwendige finden. Auch die wenigen menschlichen Wüstenbewohner wissen, wo es trotz der Dürre Quellen und Wasser gibt und Nahrung, von der sie leben können. Nomaden sind sie meist, die von Oase zu Oase ziehen. Vollends aber zeigt sich das Wunder des Lebens, wenn es in der Wüste dann doch einmal regnet. Das kommt gewiss nur ganz, ganz selten vor, aber wenn, dann explodiert förmlich die Natur, weil nun alles wächst und blüht und gedeiht – wohlgemerkt nur für die kurze Zeit, in der es Wasser gibt und die Pflanzen und Tiere von diesem Wasser zehren können. Die Steppe und Wüste – sie sind für eine kleine Zeitspanne ein grünes Paradies.

Das Bild der Wüste begleitet uns auch in den Tagen des Advents: Nicht nur dass Johannes der Täufer offenbar in der Wüste gelebt und gewirkt hat. Am vergangenen Sonntag haben wir ja davon gehört, wie die Leute zu ihm an den Jordan kamen, der direkt an die Wüste angrenzt, und dass Johannes sich in der Wüste von Heuschrecken und wildem Honig ernährt hat. Von Jesus selbst wird erzählt, dass er nach seiner Taufe durch Johannes im Jordan und vor seinem öffentlichen Auftreten für vierzig Tage in die Wüste gegangen ist. In der Einfachheit und Zurückgezogenheit konnte Jesus hier offenbar Kraft schöpfen und Gewissheit für seine Sendung – auch wenn diese Zeit, wie die Bibel erzählt, für ihn eine Zeit der Versuchung war. Jesu Aufenthalt in der Wüste erinnert auch an den 40 Jahre dauernden Zug des Volkes Israel durch die Wüste, nach seiner Befreiung aus der Versklavung in Ägypten. Die Wüste – sie ist offenbar ein altes Bild für Gefahr und Verlorenheit, aber auch ein Symbol für den Neubeginn, für die Erfahrung von Heil und Rettung in der Not.

Nicht zuletzt wird das deutlich an der Lesung aus dem Jesaja-Buch, die wir heute gehört haben; darin hieß es: „Jubeln werden die Wüste und das trockene Land, jauchzen wird die Steppe und blühen wie die Lilie. Sie wird prächtig blühen und sie wird jauchzen, ja jauchzen und frohlocken“ (Jes 35,1 f.). Dabei war den Menschen damals, als diese Worte aufgeschrieben wurden, alles andere als zum Jubeln zumute. Gewiss: Sie durften froh sein, dass die Babylonische Gefangenschaft für das Volk Israel nun zu Ende war. Sie durften heimkehren in ihr Land. Aber der Anfang dort war sehr schwer und hart. Immer noch stöhnten die Menschen unter der Fremdherrschaft der Perser. Die Armut war groß, ein

Aufschwung nicht in Sicht. Der Tempel war zwar wiederaufgebaut, aber weit weniger prächtig als zuvor. Die Gottesdienste konnten zwar abgehalten werden; aber so richtig Vertrauen in Gottes Hilfe schöpften die Menschen nicht. Wie Wüste, wie trockenes Land kamen sie sich vor – trostlos und verlassen. Hoffnung auf eine bessere Zukunft hatten sie nicht.

Uns mag es manchmal nicht anders gehen. Wüstenzeiten gibt es gewiss auch bei uns – Zeiten, in denen unser Leben wie abgestorben und vertrocknet zu sein scheint, abgeschnitten scheinbar von den Quellen, die neue Kraft geben könnten, hilflos und schutzlos der sengenden Hitze der Sorgen und der eisigen Kälte von Feindschaft und Gleichgültigkeit ausgesetzt. Wüstengebiete muss ein jeder wohl irgendwann in seinem Leben durchwandern – die Wüsten von Krankheit, von Enttäuschung und Rückschlägen, die kahlen Steppen von Überlastung, Hilflosigkeit und Einsamkeit.

Ganz bewusst gibt deshalb Jesaja den Menschen seiner Zeit ein Hoffnungswort mit auf den Weg: Die Wüste soll sich freuen; denn sie wird wieder blühen, sogar prächtiger als der damals für seinen Baumreichtum bekannte Libanon oder als die fruchtbare Ebene Scharon. Ja, tatsächlich: „Die Wüste lebt"; denn Gott wird die Wüsten, die Durststrecken unseres Lebens verwandeln und neues, grünendes Leben schenken.

Das ist auch uns heute gesagt. Der Advent ist eine Zeit, die uns wieder neu Mut machen will für unser Leben, für all unsere Verlassenheit und Sorgen darin – weil Gott uns nahe ist. Jesaja sagt es so: „Jubel und Freude stellen sich ein, Kummer und Seufzen entfliehen" (Jes 35,10).

3. ADVENTSSONNTAG B

FREUT EUCH ZU JEDER ZEIT!

1. L: Jes 61,1–2a.10–11 | 2. L: 1 Thess 5,16–24 | Ev: Joh 1,6–8.19–28

Liturgische Begrüßung

Jesus Christus, der Herr, der uns mit Freude erfüllen will, sei mit euch!

Einführung

„Gaudete" – „Freuet euch!" So ist dieser Sonntag, der dritte Adventssonntag, überschrieben. Doch kann man Freude einfach befehlen? Freude braucht ja einen echten Grund; denn man kann sich ja nur über *etwas* freuen, und je wichtiger und ersehnter dieser Grund ist, umso größer ist dann die Freude darüber. Wenn Gott selbst zu uns kommt, wenn er uns in seinem Sohn zeigt, dass er uns beistehen und retten will und dass nicht Vergeblichkeit und Vergänglichkeit das letzte Wort haben werden in unserem Leben, dann ist das wahrhaftig Grund zur Freude. In adventlicher Freude auf das Weihnachtsfest dürfen wir darum nun im Kyrie rufen.

Kyrie-Rufe

Herr Jesus Christus,
- du Licht in dunkler Nacht.
- du Erfüllung unserer Sehnsucht.
- du Grund und Quelle unserer Freude.

Fürbitten

Lasst uns beten: Herr, unser Gott, Johannes der Täufer hat auf Jesus, deinen Sohn, hingewiesen und ihm die Wege bereitet. Er wollte Zeuge sein für das Licht, das Christus in diese Welt gebracht hat. Wir bitten dich:
- Für alle Christen: Erfülle sie mit deinem Geist, damit sie in Freude von dir und deiner Liebe Zeugnis geben können!

- Für unsere Kirche: Stärke sie in ihrem Dienst an der Welt und hilf ihr, die Menschen auf dich hinzuweisen!
- Für unsere Gemeinde: Hilf uns, dass wir uns in diesen Tagen des Advents in rechter Weise auf das Kommen deines Sohnes vorbereiten!
- Für alle Menschen, die unter Not und Armut leiden: Gib, dass ihnen wirksame Hilfe in ihren Sorgen zuteilwird!
- Für unsere Verstorbenen: Vollende ihr Leben in deinem Reich des Lebens, der Freude und des Friedens!

Gott, unser Vater, du hast deinen Sohn Jesus Christus zu uns gesandt, um Licht in das Dunkel dieser Welt zu bringen. Dich preisen wir heute und alle Tage und in Ewigkeit. Amen.

PREDIGTVORSCHLAG I

ZEUGE FÜR DAS LICHT

83 Tage lang keine Sonne – so erging es lange Zeit dem kleinen Dorf Viganella im Piemont in Italien. Das Örtchen ist umgeben von zwei hohen Bergen. Wenn die Sonne niedrig steht, erreicht hier keiner ihrer Strahlen mehr die Erde, 83 Tage lang – vom 11. November bis zum 2. Februar eines jeden Jahres. Zwar ist es tagsüber nicht völlig dunkel im Ort, aber es ist doch immer, wie wenn man die ganze Zeit im Schatten verbringen würde. Die wärmende, die aufhellende Kraft der Sonne fehlt. Eine düstere, schwermütige, ja kalte Stimmung macht sich dann breit, mit Frieren, Zittern und Bibbern.

Im Jahr 2006 wurde hier Abhilfe geschaffen. Denn auf einem der umliegenden Berge wurde ein großer Spiegel gebaut. Durch eine raffinierte Steuerung wandert er jeweils mit der Sonne mit und reflektiert deren Licht immer auf dieselbe Stelle im Ort. Rechtzeitig zu Weihnachten 2006 konnte der Spiegel in Betrieb genommen werden. Seither können die Dorfbewohner auf ihrem großen Dorfplatz auch im Winter das wärmende Licht der Sonne genießen.

Zeuge für das Licht zu sein – das ist die Beschreibung, die das heutige Evangelium über Johannes den Täufer abgibt: „Er war nicht selbst das Licht, er sollte nur Zeugnis ablegen für das Licht" (Joh 1,8), so heißt es dort über ihn. Das Bild eines Spiegels passt dafür, so meine ich, recht gut: Denn wie ein Spiegel wollte Johannes reflektieren, wollte er weitergeben an andere, was er selber hat erfahren dürfen von Gott, damit auch deren Leben hell wird. Dabei hat sich Johannes nicht in den Vordergrund gerückt – genauso wie ein Spiegel: In den Spiegel blickt man ja auch nicht, um den Spiegel selber zu sehen, sondern vielmehr um sich oder andere betrachten zu können. Nicht der Messias, nicht der wiedergekommene Elias oder sonst einer der Propheten will Johannes sein, sondern lediglich ein Wegbereiter für den Herrn.

Johannes wusste sehr gut, dass er aus sich heraus nicht viel vermag. Der Spiegel kann ja ebenfalls durch sich selber nicht strahlen; das bewirken erst die Lichtstrahlen, die auf ihn fallen. So hat auch Johannes sich ebenso als Gesandter Gottes verstanden, der nur eine Aufgabe hatte: nicht sich selber in den Vordergrund zu rücken, sondern vielmehr andere auf Gott hinzuweisen.

Dazu hat er den Menschen seiner Zeit mit seiner Bußpredigt gleichsam einen Spiegel vor Augen gehalten. Er hat sie daran erinnert, was alles an Düsterkeit, an Verbitterung und Schuld in ihrem Leben da war, an Lasten und Bedrängendem, ja an so manches Finstere. Und zugleich hat er ihnen aufgezeigt, woher das Licht kommt, wovon Rettung und Heil zu erwarten ist. So ist es zu verstehen, wenn Johannes im heutigen Evangelium als Zeuge für das Licht bezeichnet wird.

Solche Zeugen des Lichtes brauchen auch wir in unserem Leben. Gewiss, wir leben nicht in einem Bergdorf, in dem es fast drei Monate im Jahr kein direktes Sonnenlicht zu sehen gibt. Aber Dunkelheiten und Finsternis gibt es auch in unserem Leben sicher genug – etwa die Schatten von Krankheit, von Einsamkeit, Gleichgültigkeit, Zukunftsangst und von übermächtigen Sorgen. Und manchmal beschleicht auch uns die bange Frage, ob es da wohl noch einmal hell werden kann in diesen Nöten, ob es denn wirklich noch einmal gut werden wird – wo denn das Licht bleibt, das uns verheißen ist, in all diesen Sorgen.

Im Warschauer Ghetto, wo viele jüdische Menschen von den Nationalsozialisten eingepfercht worden waren und wo jedem bewusst war, dass das nur die Vorstufe von Deportation, Vernichtungslager und Tod war – an diesem schlimmen Ort des Grauens und der Verzweiflung fand sich nach der Befreiung folgende Inschrift eines unbekannten Verfassers an einer Wand; sie lautet:

„Ich glaube an die Sonne,
auch wenn sie nicht scheint.
Ich glaube an die Liebe,
auch wenn ich sie nicht spüre.
Ich glaube an Gott,
auch wenn ich ihn nicht sehe."

Wir Menschen – wir brauchen Zeugen für das Licht, gerade angesichts der Schattenseiten menschlichen Lebens. Wir brauchen Menschen, die in uns die Hoffnung wachhalten. „Ihr seid das Licht der Welt", sagt Jesus einmal im Evangelium zu seinen Jüngern und damit auch zu uns.

Zeuge für das Licht zu sein, war darum nicht nur die Berufung des Johannes; es ist auch unsere Aufgabe. Auch durch uns soll diese Welt – wie einst bei Johannes – erfahren: Es gibt die Sonne, auch wenn ihre Strahlen gerade nicht zu sehen sind. Es gibt die Liebe, auch wenn alles noch so trostlos erscheint. Und es gibt einen Gott, auch wenn wir ihn selber nicht sehen können. Aber sein Licht, seine Nähe ist erfahrbar; sie soll sich widerspiegeln in seinen Zeugen.

PREDIGTVORSCHLAG II

GEWÄNDER DES HEILS

„Kleider machen Leute!" Dass dieses Sprichwort stimmt, kann man nicht nur immer wieder an unzähligen Modeschauen ablesen. Der Chef im Anzug, der Soldat oder die Polizistin mit ihrer Uniform, die Richterin mit ihrer Robe und nicht zuletzt der Priester im Messgewand – sie alle zeigen, dass mit dem äußeren Gewand oftmals auch angezeigt ist, welche Rolle, welche Aufgabe, welche Funktion man hat. Aber noch mehr: An der Art und Weise, wie sich ein Mensch kleidet, kann man auch ablesen, wie ein Mensch sich selber versteht. Gerade Jugendlichen ist die Kleidung wichtig – soweit sogar, dass es oftmals nur bestimmte, gerade angesagte Marken sein dürfen, die sie anziehen. Und auch Johannes der Täufer zeigt an seinem Äußeren, dass er wirklich eine prophetische, eine asketische, eine außergewöhnliche Gestalt ist: Mit einem Gewand aus Kamelhaaren ist er bekleidet, dazu hat er einen ledernen Gürtel um seine Hüften, so berichten es die Evangelien (Mk 1,6 par).

Aber auch Gott selbst scheint Wert zu legen auf die Kleidung seines Volkes. Heute, in der Lesung aus dem Buch des Propheten Jesaja, haben wir die Worte gehört:

> „Von Herzen freue ich mich am Herrn.
> Meine Seele jubelt über meinen Gott.
> Denn er kleidet mich in Gewänder des Heils,
> er hüllt mich in den Mantel der Gerechtigkeit,
> wie ein Bräutigam sich festlich schmückt
> und wie eine Braut ihr Geschmeide anlegt" (Jes 61,10).

Was aber, so könnten wir fragen, was soll das für einen Sinn haben? Worin bestehen denn diese „Gewänder des Heils"? Was verändert sich mit ihnen, wenn sie uns angelegt werden?

Vielleicht hilft uns hier ein Brauch aus dem Judentum weiter. Denn ein Symbol für diese „Gewänder des Heils" ist der jüdische Gebetsmantel. Tallit wird er genannt, und er wird von gläubigen Juden beim Morgengebet getragen. Es ist ein viereckiges, meist weißes Wolltuch, das mit schwarzen oder blauen Streifen verziert ist. An jeder der vier Ecken des Tallit befindet sich gemäß einer Vorschrift im Buch Numeri (Num 15,39) eine Quaste aus vier geknoteten Fäden. Der gläubige Jude – er hüllt sich ein in diesen Gebetsmantel, er umgibt sich damit gleichsam mit den Weisungen Gottes; er will sich von nichts ablenken lassen und sich ganz für Gott öffnen.

Von Marc Chagall, dem jüdischen Maler, gibt es zahlreiche Bilder von betenden Juden mit dem Tallit. Ein berühmtes Bild hängt im Kunstmuseum von Tel Aviv und trägt den Titel „Solitude" – auf Deutsch: Einsamkeit. Im Hintergrund sieht man darauf ein verwüstetes Dorf, aus dessen Trümmern schwarze Rauchschwaden aufsteigen. Der Katastrophe den Rücken zugewandt sitzt ein trauernder Jude. Den Kopf hat er in die rechte Hand gestützt, und mit der linken klammert er sich an eine Tora-Rolle im roten Gewand. Der weiße Gebetsmantel umhüllt seinen Oberkörper und erweckt den Eindruck, als sei der Beter auch in der größten Not ganz von Gott umgeben. Gott ist ihm nah durch die Tora, die er an sein Herz drückt, er ist ihm nah durch seine Weisung in der Bibel.

Die „Gewänder des Heiles“, die Gott im Buch Jesaja verheißt, können wir gewiss ganz ähnlich verstehen. Mich erinnert dieses biblische Bild auch an Hospize für Sterbende und an die sogenannte Palliativmedizin. Dieses Wort leitet sich ja her vom lateinischen „pallium“, was nichts anderes heißt als „Mantel“. Den schwerkranken und sterbenden Menschen soll so geholfen werden, wie wenn ihnen hier ein schützender Mantel angeboten wird, in den sie hineinschlüpfen können. Ihre Bedürfnisse und Wünsche sollen, so gut es geht, aufgenommen werden, ihre Schmerzen sollen gestillt werden; sie sollen sich auf dem letzten Wegabschnitt ihres Lebens umsorgt und geborgen wissen und begleitet von Menschen, die sie nicht alleine lassen. In den Debatten um die Begrenzung von aktiver Sterbehilfe wird ja immer wieder hingewiesen auf die Notwendigkeit eines Ausbaus der Hospizarbeit und des Beistandes für Sterbende. Sie sollen wirklich erfahren, dass für sie ein schützender und bergender Mantel da ist, der sie Zuwendung und Heil erfahren lässt.

Für uns Christen erinnern die „Gewänder des Heils“ bei Jesaja schließlich auch an unser Taufgewand. „Ihr alle, die ihr auf Christus getauft seid, habt Christus als Gewand angelegt“, so schreibt Paulus einmal (Gal 3,27).[2] Das weiße Taufkleid ist also ein Zeichen für Christus selbst, Zeichen dafür, dass wir nun Christus nachfolgen und somit Christen sind. Es ist Symbol für die neue Würde, die wir in der Taufe empfangen haben. Das Taufkleid ist aber gewiss noch mehr. Es ist sicher auch ein Gewand des Heiles, weil es uns sagt: Gott ist dir nahe, Gott begleitet dich im Leben, Gott schützt dich.

Gerade in diesen Tagen des Advents wird uns dies neu zugesagt. Wir können in dieser kalten Jahreszeit tatsächlich ja so manches Mal einen schützenden Mantel, einen Pullover und einen Schal gebrauchen. Der heilige Martin ist zwar eigentlich kein Heiliger des Advents. Aber was er gemacht hat, wie er seinen Mantel damals am Stadttor von Amiens mit dem Bettler geteilt hat, das muss uns gerade auch in dieser Zeit Vorbild sein. Denn nicht wir allein sollen erfahren, was es heißt, dass Gott uns den Mantel der Gerechtigkeit, die Kleider seiner Zuwendung und seines Heiles anlegen will. Auch viele andere, ja jeder in Not soll – durch uns – erfahren, was Gott den Menschen geben will: Gewänder seines Heiles.

2 So die frühere Einheitsübersetzung der Bibel von 1980.

3. ADVENTSSONNTAG C

EINE ZEIT FREUDIGER ERWARTUNG

1. L: Zef 3,14–17 | 2. L: Phil 4,4–7 | Ev: Lk 3,10–18

Liturgische Begrüßung

Der Friede Gottes, der alles Verstehen übersteigt, sei mit euch!

Einführung

Zwei Wochen sind seit dem Beginn des Advents nun vergangen. Da tut es gut, innezuhalten und sich zu vergewissern, woraufhin wir eigentlich unterwegs sind. Schon heute schimmert etwas davon durch. Denn zur Freude werden wir an diesem Sonntag mit Namen „Gaudete" – „Freuet euch!" –, dem dritten Adventssonntag, aufgerufen. Bereits jetzt schimmert etwas von dem durch, was uns an Weihnachten geschenkt wird. So ist diese Zeit des Advents nicht etwa eine Zeit unerlösten Sehnens und bangen Hoffens; sie ist vielmehr eine Zeit freudiger Erwartung. Denn wir wissen: Gott ist uns nahe gekommen durch die Menschwerdung seines Sohnes damals vor 2000 Jahren. Er ist unter uns Menschen da, auch und gerade jetzt in dieser Eucharistiefeier. So rufen wir im Kyrie.

Kyrie-Rufe

Herr Jesus Christus,

- du unsere Freude, Gottes ewiges Wort, das uns Hoffnung schenkt.
- du unsere Freude, unsere Zuversicht, unser helles Licht.
- du unsere Freude, unser sicherer Weg, der zu Gott hinführt.

Fürbitten

Gott hat uns sein Heil verheißen. Wir ersehnen seine Hilfe, seine Nähe und sein Geleit in den Stürmen und Wirren unserer Zeit und bitten um das Kommen seines Sohnes in unsere Welt:

- Wir beten für alle, die nicht wissen, wie es in ihrem Leben weitergehen soll: Herr, zeige ihnen neue Wege auf und gib ihnen Halt und Zuversicht!
- Wir beten für alle, die arm und hungrig sind: Herr, schenke ihnen Mitmenschen, die bereit sind, mit ihnen zu teilen!
- Wir beten für alle, deren Herz voll Trauer und Verzweiflung ist: Herr, tröste sie in ihrem Schmerz und lass sie wieder neuen Lebensmut finden!
- Wir beten für alle, die schwere Schuld auf sich geladen haben: Herr, schenke ihnen deine verzeihende Liebe und lass sie Menschen finden, die sie mit ihrer Schuld annehmen!
- Wir beten für alle, die gerade in diesen Tagen unter Hektik und Unruhe leiden: Herr, gibt ihnen Zeit für sich selbst und lass auch sie bereit werden für deine Ankunft!
- Wir beten für unsere Verstorbenen, gerade für die, die uns in diesen Tagen besonders fehlen: Herr, lass sie teilhaben an der Freude und dem Leben in deinem himmlischen Reich!

Gott, unser Vater, du rufst uns auf, unsere Hände nicht sinken zu lassen, sondern auf dich zu vertrauen. Du sendest uns Heil und Licht und Rettung im Kommen deines Sohnes. Dafür danken wir dir und preisen dich in Christus, unserem Herrn. Amen.

PREDIGTVORSCHLAG

DAS NAHELIEGENDE TUN

Offenbar hat Johannes der Täufer die Menschen beeindruckt. In Scharen kommen sie zu ihm an den Jordan und lassen sich von ihm taufen, so berichtet es die Bibel. Dabei ist das, was er sagt, alles andere als schmeichelhaft, ganz im Gegenteil. Ein paar Verse vor unserem heutigen Evangelium sagt er noch ziemlich scharf zu den Leuten: „Ihr Schlangenbrut, wer hat euch denn gelehrt, dass ihr dem kommenden Zorngericht entrinnen könnt? Bringt Früchte hervor, die eure Umkehr zeigen [...] Schon ist die Axt an die Wurzel der Bäume gelegt; jeder Baum, der keine gute Frucht hervorbringt, wird umgehauen und ins Feuer geworfen" (Lk 3,7–9). Harte Worte sind das, zweifellos. Doch sie treffen die Menschen offensichtlich ins Herz. Sogar Zöllner und Soldaten kommen zu Johannes und wollen sich neben vielen anderen auf den Weg der Umkehr machen. Sie fragen ihn: „Was sollen wir also tun?"

Die Antworten des Johannes klingen da – im Vergleich zu den harschen Worten zuvor – recht milde und einfach, ja geradezu banal: Die Menschen sollen von ihrem Überfluss abgeben, die Zöllner sollen nicht betrügen und darum nicht mehr verlangen, als festgesetzt ist, und die Soldaten sollen niemand grundlos und zu Unrecht Gewalt antun.

Sehr einleuchtend klingt das, sehr selbstverständlich. Aber kann es das schon gewesen sein? Muss man tatsächlich nicht mehr leisten, um wirklich Reue und Umkehr zu zeigen? Braucht es denn nicht eine große Geste, ja fast ein Wunder, um zu beweisen, dass man es auch wirklich ernst meint mit dieser Nachfolge Gottes, dass man sich auch tatsächlich als Gottes Verheißungen würdig erweist?

Eine kleine Fabel kann uns hier vielleicht helfen, eine Antwort zu finden: Es herrschte einmal eine große Trockenheit in einem Land südlich der Sahara. Das Steppengras kümmerte dahin, die Tiere fanden kein Wasser mehr; die Wüste war mächtig im Vormarsch. Selbst dicke Bäume und an Dürre gewohnte Sträucher sahen ihrem Ende entgegen. Brunnen und Flüsse waren längst versiegt. Nur eine einzige Blume überlebte die Trockenheit. Sie wuchs nahe einer Quelle. Doch auch die Quelle war dem Verzweifeln nahe. Sie fragte sich voller Traurigkeit: „Wozu mühe ich mich einer einzigen Blume wegen, wo doch ringsum schon alles verdurstet ist?“ Da beugte sich ein alter, knorriger Baum über die kleine Quelle und sagte, ehe er selber starb: „Liebe kleine Quelle, niemand erwartet von dir, dass du die ganze Wüste zum Grünen bringst. Deine Aufgabe ist es, einer einzigen Blume Leben zu spenden, mehr nicht!“[3]

„Niemand erwartet von dir, dass du die ganze Wüste zum Grünen bringst.“ Auch von den Menschen damals hat Johannes nichts Unmenschliches oder gar Übermenschliches verlangt. Es waren vielmehr Dinge, die selbstverständlich erscheinen und es eigentlich auch sind. Forderungen waren das, die man auch leicht mit einer humanen Ethik, mit humanitärem Denken ohne große religiöse Verankerung aufstellen kann.

Und dennoch: Oft ist gerade das Selbstverständliche alles andere als selbstverständlich. Den Überfluss, das Verzichtbare mit anderen zu teilen wird ja auch heute noch oftmals genauso wenig praktiziert wie damals zu Zeiten eines Johannes – um von der Übervorteilung und vom Machtmissbrauch, von Terror und Gewalt gar nicht einmal zu reden. Es braucht offenbar immer wieder die Erinnerung daran, was eigentlich nötig wäre – obwohl es gerade nichts Außergewöhnliches und keine Überforderung wäre, sich daran zu halten.

Und das gilt auch für uns noch heute. Auch wir heute müssen immer wieder darauf achten, das scheinbar Selbstverständliche, das Naheliegende dann doch auch tatsächlich zu tun. Große Dinge sind das vielfach auch gar nicht; keiner von uns muss eine Wüste zum Erblühen bringen. Aber jeder für sich allein, in seinem begrenzten Raum kann schon vieles bewirken, wenn er hier versucht, das Gute zu tun.

Kleine Schritte sind es, die da von uns verlangt werden, um Jesus nachzufolgen, nicht schon der große Wurf, der weite Sprung, die übermenschliche Leistung. Tag für Tag an seinem Platz, in seinem Umkreis, unter seinen Mitmenschen als Christ zu leben – das wäre schon viel. Und doch alles andere als einfach und selbstverständlich.

---

3 Quelle unbekannt.

4. ADVENTSSONNTAG A

IMMANUEL – GOTT MIT UNS

1. L: Jes 7,10–14 | 2. L: Röm 1,1–7 | Ev: Mt 1,18–24

Liturgische Begrüßung

Gnade und Friede von Gott, unsrem Vater, und dem Herrn Jesus Christus seien mit euch!

Einführung

Die letzten Tage des Advents brechen an. Für die Kinder sind es Tage wachsender Freude; auch die Ferien rücken in immer greifbarere Nähe. Für die Erwachsenen ist es oft noch eine Zeit des Vorbereitungsstresses und der vorweihnachtlichen Hektik. Versuchen wir in dieser Stunde, Ruhe zu finden und uns zu öffnen für den, dessen Kommen wir erwarten: Jesus Christus, den „Immanuel“, den „Gott mit uns“. Ihn rufen wir im Kyrie nun um sein Erbarmen an.

Kyrie-Rufe

Herr Jesus Christus,
- du Nachkomme Davids.
- du Sohn der Jungfrau Maria
- du Immanuel, du Gott mit uns.

Fürbitten

Mit Maria und Josef vertrauen wir darauf, dass Gott uns Leben und Heil schenken will. Zu ihm wollen wir beten:
- Für alle Menschen, die Weihnachten feiern wollen: Sei du in ihrer Mitte und schenke ihnen deinen Frieden!
- Für die Menschen, die krank oder einsam sind: Lass sie durch die Zuwendung ihrer Mitmenschen spüren, dass Jesus Christus der „Immanuel“, der „Gott mit uns“ ist!
- Für die Menschen, die nach dem Sinn ihres Lebens suchen: Lass sie offen bleiben für die oft

kleinen Zeichen der Hoffnung und für die Begegnung mit dir!

- Für die Menschen, die vor einer schweren Entscheidung stehen: Ermutige sie, frei und aufrichtig ihrem Gewissen zu folgen!
- Für alle unsere Verstorbenen: Schenke ihnen den ewigen Frieden bei dir!

Guter Gott, du hast uns mit der Geburt deines Sohnes ein Zeichen deiner Güte und Liebe geschenkt. Dafür danken wir dir heute und an allen Tagen bis in Ewigkeit. Amen.

PREDIGTVORSCHLAG I

BOTSCHAFT UND BOTE

Zuerst die Sachfragen, dann die Personen – Sie kennen vielleicht diesen Grundsatz aus der Politik. Das will besagen: Zuerst müssen die Ziele einer Regierung abgesteckt werden; erst dann kann es um die Besetzung der Posten gehen. Namen sind da zweitrangig, die Personen im Grunde austauschbar. Wichtiger ist die Sache selbst.

Da verwundert es schon, welches Gewicht den Namen im heutigen Evangelium zugewiesen wird. Man könnte ja meinen, die Auskunft an Josef, das von Maria, seiner Verlobten, noch vor ihrer ersten Zusammenkunft erwartete Kind sei vom Heiligen Geist, würde schon genügen. Der Sachverhalt ist offengelegt, die Herkunft des Kindes aufgeklärt. Ist sein Name da noch groß von Belang?

Offenbar doch, ganz im Gegenteil. Denn sogar zwei Namen werden der Erklärung noch angefügt: Das erwartete Kind soll zum einen „Jesus“ heißen. Dieser Name bedeutet im Hebräischen „Gott hilft“, „Gott rettet“. Und ähnlich wird auch im heutigen Evangelium mitgeteilt: Jesus wird sein Volk von seinen Sünden erlösen. Dann aber wird noch ein zweiter Name genannt: Gemäß der Prophezeiung des Jesaja heißt dieses Kind auch „Immanuel“ – wieder ein Name voller Bedeutung; denn er heißt nichts anderes als „Gott mit uns“.

Doch bei aller Betonung von Namen in unserem heutigen Evangelium: In unserer Zeit werden längst die Sachthemen der Person vorgezogen, auch in Fragen der Religion. Weihnachten wird da etwa gefeiert, auch wenn man im Grunde nicht mehr recht weiß, wieso eigentlich. Seit langem ist das Fest zum entscheidenden Konsumfaktor geworden. Einkaufsoffene Adventssonntage, weihnachtliche Schaufensterdekorationen schon Anfang November oder Lebkuchen in den Geschäften gar bereits im September zeigen, dass die Sache Jesu sich verselbständigt hat – weithin losgelöst von der Bindung an ihn selbst.

In dieselbe Richtung gehen Meinungen, die das Christentum nur noch als humane Lehre verstehen. Die Botschaft Jesu sei durchaus wichtig, heißt es da – nicht aber doch seine Person. Von ihm selbst wissen wir einfach zu wenig, und dass er Gottes Sohn sei, ist für uns nicht beweisbar. Darum halten wir uns besser an das, was in seinen Aussagen auch heute noch Bestand hat. Er war gewiss ein Lehrer der Menschlichkeit wie andere auch. Seine Lebensweisheiten könnte darum aber auch durchaus ein anderer verfasst haben. Deshalb gilt: Der Name, die Person Jesu ist zweitrangig; es zählt nur die Lehre, die er vertrat.

In etwas anderer Form begegnet eine Austauschbarkeit Jesu, wenn Religion zwar als ein Grundbedürfnis des Menschen, das eigene Bekenntnis jedoch als Ergebnis der geschichtlichen Entwicklung und damit letztlich des Zufalls angesehen wird. Ob jemand Christ oder Muslim, Jude, Hinduist oder Buddhist ist – das liegt im Grunde nicht in seiner Hand, sondern ist ihm durch die Gesellschaft und durch die Umstände der Zeit vorgegeben. Überall aber werde doch die Sehnsucht nach etwas Übermenschlichem, nach dem Göttlichen, nach Lebensorientierung und Spiritualität gestillt. Die jeweilige Religion und auch ihr Religionsstifter seien da doch wohl nachrangig, so meinen manche.

Zuerst die Sachthemen, dann die Personen – ist es wirklich so einfach? Gerade das heutige Evangelium macht uns darauf aufmerksam, dass das zu kurz greift. Die Botschaft Jesu lässt sich nicht von seiner Person abkoppeln. In keiner anderen Religion oder auch humanistischen Lehre begegnet solch eine Verschränkung, und in dieser Konzentration auf die Person Jesu liegt zugleich das Heil des Menschen. Schon die Namen, die ihm gegeben werden, deuten darauf hin. Jesus selbst ist es, in dem Gott zur

Erde gekommen ist, in dem Gott und Mensch zusammenkommen, in dem Gottes Nähe für jeden Menschen erfahrbar geworden ist.

Mit Jesu Kommen ist das Reich Gottes angebrochen, ist Entscheidendes und Unvergleichliches in dieser Zeit und Welt geschehen. Ein anderer kann nicht dafür stehen, ein anderer kann das nicht einholen. Denn Jesus hat wie kein anderer gezeigt, wie Gott für uns ist: ein liebender Gott, ein Gott, der sich den Menschen zuwendet und sich ihrer annimmt, ein Gott, der sogar seinen eigenen Sohn nicht schont, um den Menschen auch in der letzten Verlassenheit, im Tode, nahe zu sein und sie dadurch zu retten. Die Namen Jesus und Immanuel sind darum nicht bloß Namen, sondern sie sind schon Programm; sie sind im Grunde Zusammenfassungen der Botschaft Jesu Christi. Für diese Botschaft hat der Bote Jesus Christus mit seiner eigenen Person, mit seiner ganzen Existenz gebürgt. Darum kann hier nicht gelten, dass die Sache vor dem Namen kommt.

An Weihnachten darf es darum auch nicht anders sein. Viele schöne Bräuche sind mit diesem Fest verbunden. Die Häuser und Wohnungen werden geschmückt wie sonst kaum im Jahr. Familien kommen zusammen, vielleicht nach längerer Zeit beruflich bedingter Trennung. Geschenke werden gemacht als Zeichen der Liebe und der Wertschätzung. Das alles ist gut und wichtig, zweifelsohne. Doch die Sache kann nicht von der Person getrennt werden. Wenn wir Weihnachten feiern, dann feiern wir im Grunde den, der zu uns kommen soll, den Gottessohn, dessen Name uns bekannt gemacht worden ist. Ohne ihn geht verloren, worum es an Weihnachten geht. Ohne ihn geht verloren, worum es für *uns* geht: darum, dass Gott uns in ihm Rettung und Heil bringt, weil er uns erfahren lässt: Gott ist mit uns.

PREDIGTVORSCHLAG II

GANZ OHR FÜR GOTT

In keiner Krippe darf er eigentlich fehlen. Und doch spielt er sonst nur eine geringe Rolle. Dabei war es doch gar nicht mal so unbedeutend, was er beigetragen hat dazu, dass Gottes Sohn Mensch geworden ist: Josef, der Mann Mariens und Ziehvater Jesu von Nazaret. Heute im Evangelium wird er einmal in den Mittelpunkt gerückt. Er verlässt Maria nicht, obwohl beide noch nicht zusammengekommen waren und sie dennoch erkennbar schwanger ist. Er stellt sie nicht bloß, sondern hält zu ihr, weil ein Engel ihm im Traum offenbart, dass das Kind, das Maria zur Welt bringen wird, vom Heiligen Geist stammt. Was aber kann uns diese Gestalt des Josef heute sagen? Welche wichtigen Haltungen will er uns im Advent nahebringen? – Wir können das gut an den Symbolen ablesen, mit denen der heilige Josef gerne dargestellt wird.

Eine erste Weise der Darstellung, die mir gut gefällt, zeigt Josef mit seiner Hand hinter dem Ohr – so wie wenn man einen Trichter macht, um noch besser und genau zu hören. Es ist ja auffällig: Anders als bei Maria ist uns aus dem Munde Josefs in der Bibel kein einziges Wort überliefert. Es heißt nur immer wieder: Josef erschien ein Engel im Traum, er nahm dessen Botschaft auf – und dann handelte er danach.

Josef war ganz Ohr für Gott, so könnten wir sagen. Das heißt aber nicht, dass er nur passiv und fremdgeleitet gewesen wäre, ganz ergeben und gehorsam, dass er immer nur darauf *ge*-horcht hätte, was andere ihm sagen wollten. Gerade wenn die Bibel davon erzählt, dass Josef sich hingelegt und geträumt hat, dann will das eigentlich heißen, dass er in sich hineingehorcht hat. Er hat bei anderen genau hingesehen und hingehorcht, er war offen und aufmerksam für das, was andere bewegt und bedrängt hat – und dann hat er aber auch bei sich hineingehört, was er deswegen tun soll. Das Evangelium heute sagt es ganz einfach: „Josef, der gerecht war …" Er ist ein Mensch, der auf sein Gewissen hört, auf seine innere Stimme – und der danach auch handelt.

Das Zweite, was auf Bildern und an Figuren des heiligen Josef gerne begegnet, sind Werkzeuge: Bohrer, Hobel oder Säge weisen darauf hin, dass Josef Zimmermann war, dass er mit seinen Händen gearbeitet hat – ein Handwerker und ein handfester Mensch. Er hat für Maria, ihr Kind und für sich selbst den Lebensunterhalt verdient – was wohl auch in damaliger Zeit sicher nicht einfach war. Die Sorge um das Auskommen begleitet wohl auch heute viele Menschen in unserer Welt, die Sorge darum, wie sie von ihrer Hände Arbeit leben können. Der Advent mahnt uns, gerade in dieser Zeit diejenigen Menschen nicht zu vergessen, die in Not sind, und ihnen tatkräftig – mit Herz und Hand – zu helfen.

Neben Werkzeugen und der Hand am Ohr wird der heilige Josef schließlich häufig auch noch mit einem blühenden Stab in der Hand abgebildet. Es ist ein sprechendes Zeichen: Ein Holzstab ist ja eigentlich tot; er hat keine Wurzel, die ihn mit Wasser versorgen könnte, keine grünen Blätter, die ihn nähren könnten. Und dennoch blüht der Wanderstab des heiligen Josef.

Das erinnert an die Weissagung bei Jesaja, dass aus dem abgehauenen Baumstumpf Isais ein junges Reis hervorgehen wird, ein neuer, grüner Trieb daran wachsen wird. Man sagt ja häufig, dass Josef schon alt war, als er Maria geheiratet hat, und meist wird er auch auf Bildern so dargestellt. Das geht vermutlich darauf zurück, dass nur in den Kindheitsgeschichten Jesu von ihm berichtet wird, als Jesus erwachsen ist, aber nicht mehr, sondern nur noch von Maria. In den Evangelien selber jedoch ist tatsächlich an keiner Stelle die Rede davon, dass Josef viel älter als Maria gewesen sei. Der blühende Stab nimmt aber wohl gerade darauf Bezug: Obwohl Josef schon nicht mehr damit rechnen konnte, wird er dennoch im vorgerückten Alter noch Vater. Er darf erfahren, dass wohl seine tiefsten Hoffnungen und Wünsche in Erfüllung gegangen sind – wenn auch ganz anders als zunächst erwartet.

Gewiss wird der Stab, wenn man annimmt, dass Josef schon älter war, für ihn auch eine Stütze gewesen sein. Gerade die Freude über seinen neugeborenen Sohn, wie sie in vielen Krippendarstellungen gerade die Josefsfigur ausstrahlt, wird ihm oftmals Halt und Kraft gegeben haben, zumal in schweren Zeiten. Man denke nur daran, dass Josef mit seiner Familie vor der Verfolgung durch Herodes nach Ägypten fliehen musste, wie es uns das Matthäusevangelium berichtet – alles andere als ein unbeschwerter Familienausflug. So ist der Stab auch ein Zeichen für das Geleit und den stützenden Halt, den Josef durch Gott erfahren durfte.

Wenn wir in diesen Tagen auf das Weihnachtsfest zugehen, dann sollen auch wir erfahren, dass Gott uns begleitet – nicht nur in diesen Wochen, sondern in unserem ganzen Leben. Jesus ist der „Immanuel“, der „Gott mit uns“ – so wird es Josef im heutigen Evangelium geoffenbart und damit auch uns. Gottes Sohn selbst will zu uns kommen und uns durch seine Nähe Kraft und Trost geben. Auch unsere Sehnsüchte und Hoffnungen sollen zu neuem Leben erblühen. Wir müssen nur – wie Josef – genau hinhören und achtgeben darauf, wie Gott uns begegnen und was er uns sagen will, und dann ganz handfest danach handeln.

4. ADVENTSSONNTAG B

AUS DEM HAUS DAVID

1. L: 2 Sam 7,1–5.8b–12.14a.16 | 2. L: Röm 16,25–27 | Ev: Lk 1,26–38

Liturgische Begrüßung

Der Herr, der war, der ist und der kommen wird, sei mit euch!

Einführung

„Wo ist Gott zuhause?“ heißt es einmal in einer jüdischen Geschichte. Die Gelehrten lachten und sagten: „Wie du redest! Die Welt ist doch voll von Gottes Herrlichkeit.“ Der aber, der diese Frage gestellt hatte, sagte: „Gott ist dort zuhause, wo man ihn einlässt.“ –

In diesen Tagen des Advents scheint die Welt voll von Gott. Überall gibt es Weihnachtsschmuck, Adventsfeiern und Weihnachtsvorbereitungen. Doch Gott kann nur dort einziehen, wo man ihn mit offenem Herzen erwartet. Bitten wir den Herrn um Ruhe und Besinnung in diesen letzten Tagen des Advents, damit wir seine Gegenwart in unserem Leben nicht vor lauter Hektik und Geschäftigkeit einfach übersehen.

Kyrie-Rufe

Herr Jesus Christus,
- du Sohn der Jungfrau Maria.
- du Spross aus dem Hause David.
- du lässt unser Leben neu erblühen.

Fürbitten

Lasst uns beten: Herr Jesus Christus, du bist der Immanuel, der Gott-mit-uns. Wir bitten dich:
- Hilf, dass auch heute die Menschen erkennen, wie sie dir und ihren Mitmenschen immer besser dienen können!

V Christus, höre uns.
A Christus, erhöre uns.

- Schenke denen ein Licht der Hoffnung, die in schwerer Not sind und zu verzweifeln drohen!
- Lass vor allem diejenigen Menschen deine Nähe spüren, die in diesen Tagen besonders unter ihrer Einsamkeit leiden!
- Stehe den Schwerkranken und den Sterbenden bei und gib ihnen Hoffnung und Trost!

Guter Gott, du hast uns den Retter gesandt, deinen Sohn Jesus Christus. Durch ihn preisen wir dich im Heiligen Geist jetzt und in Ewigkeit. Amen.

PREDIGTVORSCHLAG I

WURZEL JESSE

Vor einigen Jahren habe ich in einer Kirche etwas Beeindruckendes gesehen. Wie an vielen Orten war auch dort zur Weihnachtszeit eine Krippe aufgebaut. Platz dafür gab es genug in der Seitenkapelle dieser Kirche. Der Boden vor der Krippe in der Kapelle aber war üppig mit Tannenzweigen bedeckt. Doch das war noch nicht alles: Auf diesem Platz vor der Krippe waren auch weiße Rosen zu sehen, die aus den Tannenzweigen emporzuwachsen schienen. Zunächst bis Weihnachten waren es nur ein paar wenige gewesen. Jetzt aber, kurz nach Weihnachten, war der Boden überreich erfüllt von vielen, vielen weißen Blüten.

Die Krippenbauer griffen damit ein Wort auf, das ursprünglich vom Propheten Jesaja stammt und das die Christen recht bald dann auf Jesus von Nazaret bezogen haben. Denn in einer Zeit der Bedrängnis und des Niedergangs sagt Jesaja seinem Volk zu:

> „Doch aus dem Baumstumpf Isais wächst ein Reis hervor,
> ein junger Trieb aus seinen Wurzeln bringt Frucht.
> Der Geist des Herrn ruht auf ihm:
> der Geist der Weisheit und der Einsicht,
> der Geist des Rates und der Stärke,
> der Geist der Erkenntnis und der Furcht des Herrn“ (Jes 11,1–2).

Isai, in der Tradition auch Jesse genannt, war der Vater Davids und führt uns damit in eine Blütezeit Israels zurück. Aber diese Zeiten waren damals, als Jesaja seine Prophezeiungen aufschrieb, schon längst vorbei. Israel drohte unter den Nachbarvölkern aufgerieben zu werden. Kriege und Kämpfe setzten ihm zu, aber auch interne Streitigkeiten, Verelendung und Missgunst bis hin zum Abfall vom rechten Glauben an Gott. Wo soll da nur Rettung herkommen? Israel empfand sich wie ein einstmals starker Baum. Seine besten, seine Glanzzeiten lagen hinter ihm. Ja, wie umgehauen kam sich das Volk vor; nur noch der Wurzelstamm war übrig vom früher hochragenden und mächtigen Geäst. Das Leben – es ist erstorben; nur die Wurzel ist noch übrig und rottet vor sich hin. So erschien es den Menschen.

Jesaja aber macht seinem Volk Hoffnung. Er greift dazu ein Bild auf, das man in der Natur ja immer wieder einmal beobachten kann: Da ist zwar der Baum umgehauen oder abgesägt; aber tot ist er noch lange nicht. Denn nach wie vor ist Kraft in ihm. So treibt die Wurzel neu aus, mit vielen kleinen und dünnen Trieben zunächst, gewiss. Aber daraus kann wieder Großes erwachsen. Es ist ein Neuanfang möglich, selbst da, wo alles abgestorben erschien. Die Geschichte Gottes mit seinem auserwählten Volk Israel ist noch nicht zu Ende, so will Jesaja damit sagen. Wir dürfen Hoffnung haben, weil Gott zu uns halten wird, weil er neues Leben schenkt, weil er alles neu aufblühen lassen wird.

Nicht umsonst berichten die Evangelien davon, dass Josef aus dem Haus David stammt. Das Matthäus- und das Lukasevangelium bringen sogar einen Stammbaum Jesu, der seine Herkunft bis auf David und Isai und sogar auf Abraham und Adam zurückverfolgt (Mt 1,1–16; Lk 3,23–38). Im Mittelalter dann war die Wurzel Jesse ein beliebtes Motiv in der Buchmalerei oder auf Altären und Bildern. Am unteren Bildrand sieht man dabei Isai im Schlaf liegen. Aus seinem Schoß erwächst ein Baum, dessen Geäst und Blüten nach oben das ganze Bild erfüllen. Unten am Stamm sieht man mitunter auch den Sohn Isais, König David, und dessen Sohn Salomo. Dann folgen weitere Könige oder Propheten Israels. Besonders deutlich sind dann meist Josef und seine Frau Maria herausgestellt, und schließlich Jesus selbst in der Krone des Baumes.

Gewiss kann man anfragen, ob diese Genealogien wirklich so haltbar sind. Die im Bild von der Wurzel Isais enthaltene Hoffnungsbotschaft dürfen wir dabei aber nicht einfach übersehen. Auch dort, wo unsere Augen nur Nutzloses und Abgestorbenes sehen können, wo wir uns fragen, welchen Wert das alles noch haben soll und wie es denn noch weitergehen kann, da sagt uns dieses Bild, dass selbst dort noch Leben schlummert und unsichtbar zu keimen beginnen kann. Gott wählt das Unscheinbare, das Kleine, das scheinbar Unbedeutende aus, um daraus Neues, Großes und Herrliches erwachsen zu lassen. Er hat den jungen und unerfahrenen Sohn des Isai, David, erwählt und zum König Israels bestimmt. Und er hat das junge, einfache Mädchen Maria aus Nazaret zur Mutter seines Sohnes erwählt.

Die vielen Rosen vor der Krippe in dieser Kirche haben diese weihnachtliche Hoffnungsbotschaft auf wunderbare Weise wieder erkennbar werden lassen. Gott lässt auch unser Leben neu aufblühen. Er kann auch aus dem, was bei uns scheinbar abgestorben ist, Neues erstehen lassen. In dem Kind in der Krippe ist sein Sohn Mensch geworden, und ein neues, nein: *das* entscheidende Kapitel der Menschheitsgeschichte ist damit angebrochen in dunkler, trister Zeit. Und wir sollen wissen, auch in diesem Advent: Auch jetzt ist Gott da bei uns und wird unser Leben neu erblühen lassen.

PREDIGTVORSCHLAG II

GOTTES NÄHE IM ALLTAG

Es sind nur recht spärliche Angaben darüber, wo genau und unter welchen Umständen das heutige Evangelium stattgefunden haben soll. Bei Lukas heißt es da lediglich: „Der Engel trat bei Maria ein und sagte: ‚Sei gegrüßt, du Begnadete, der Herr ist mit dir'" (Lk 1,28). Offensichtlich steht hier bei der Verkündigungsszene die Botschaft des Engels im Vordergrund und das Gespräch zwischen ihm und Maria. Dennoch: In der christlichen Überlieferung, gerade in der christlichen Kunst ist man recht bald und intensiv auch der Frage nachgegangen, wie das denn damals gewesen sein könnte, als der Engel bei Maria eintrat. Wobei hat er sie angetroffen? Womit war Maria beschäftigt, und wo war sie gerade, als der Engel sie besuchte?

Nur wenige Verkündigungsbilder zeigen Maria etwa im Tempel oder in der Synagoge. Das hat einen ganz einfachen Grund: Im Lukasevangelium heißt es ja, dass der Engel „bei Maria" eintrat, und das bedeutet wohl: bei ihr zuhause. Allerdings steckt darin durchaus ein deutlicher Hinweis, wenn Maria gerade beim

Gebet im Tempel dargestellt wird; denn wenn Gott selbst zu ihr kommt, wenn sie die Mutter seines Sohnes werden soll, wenn sie ihn im Mutterleib trägt, dann heißt das, dass sie gleichsam selbst zum Heiligtum Gottes wird, dass sie ihn aufnimmt, dass sie erfahren darf, dass Gott ihr in besonderer Weise nahe ist. Darum ist es also gar nicht mal so verkehrt, wenn die Verkündigung an Maria manchmal in einem Tempel oder in einer Synagoge dargestellt wird.

Viele andere Bilder hingegen zeigen Maria in einem Garten, als der Engel zu ihr kommt. Auch das ist ein sehr sprechender Hinweis: Der Garten mit seinen überreich blühenden Pflanzen erinnert an das Paradies, den Schöpfungsgarten, daran, wie Gott die Welt eigentlich gewollt hat, und an die ursprüngliche Schöpfung ohne Sünde, Schuld und Tod. Weil Maria offen ist für Gott und seine Botschaft, kann eine neue Schöpfung werden, die hier bereits beginnt – mit der Menschwerdung des Sohnes Gottes. Er wird die Menschen von ihrer Schuld befreien, er wird sie neu mit Gott versöhnen und ihnen schließlich das ewige Leben ermöglichen, die Rückkehr in die ungetrübte Beziehung zu Gott.

Die meisten Bilder freilich, die die Verkündigungsszene darstellen wollen, zeigen Maria im Haus, in einer einfachen Stube. Die Gegenstände in diesem meist kargen Raum deuten darauf hin, womit Maria wohl beschäftigt war – etwa ein Spinnrad, ein Spinnrock oder eine Spindel. Auch sie haben eine symbolische Bedeutung, weisen aber auch auf die alltäglich notwendige Arbeit eines Haushaltes hin. Oft hat Maria auch ein Buch in der Hand, oder es liegt in ihrem Schoß oder aufgeschlagen vor ihr auf einem Betschemel. Maria erscheint so als eine gebildete und als eine betende Frau, die sich für Gottes Wort öffnet und darüber nachdenkt.

Bei manchen Abbildungen kann man sogar die Worte lesen, die in dem Buch gerade aufgeschlagen sind. Es ist meist der bekannte Vers aus dem Jesaja-Buch: „Seht, die Jungfrau wird ein Kind empfangen, sie wird einen Sohn gebären, und sie wird ihm den Namen Immanuel – Gott mit uns – geben" (Jes 7,14). Diese Worte wurden von den frühen Christen recht schnell als Andeutung der Geburt Christi verstanden, und wenn gerade dieser Bibelvers zu lesen ist, dann soll das bedeuten: Während Maria dieses Wort bedenkt und es in ihrem Herzen erwägt, geht es zugleich in Erfüllung. Mit ihrer Offenheit für Gott, mit ihrer Bereitschaft, die Botschaft des Engels aufzunehmen, hilft sie mit, dass diese Verheißung des Alten Bundes Wirklichkeit werden kann.

Gerade diese letzte Art der Darstellung des heutigen Evangeliums kann uns viel sagen: Gott tritt ein in unser Leben, in unseren ganz normalen Alltag, in unsere Alltagsbeschäftigungen. Eine große Vorbereitung scheint es bei Maria nicht gegeben zu haben. Sie stammt nicht aus vornehmem Geschlecht, sie wohnt in dem kleinen Ort Nazaret, sie hat mit ganz normalen Dingen zu tun, die auch andere Mädchen und Frauen ihrer Zeit beschäftigen. Der Haushalt, der Alltag, die tägliche Sorge um das Leben bestimmen ihr Dasein. Gerade da aber spricht Gott sie an; gerade da kommt der Engel zu ihr.

Für uns soll das heißen: Auch unser alltäglicher Trott ist nicht einfach fern von Gott. Gott ist uns auch da – und vielleicht gerade da – ganz nahe. Er will uns begegnen. Es kommt nur darauf an, dass wir uns – wie Maria – für ihn auch öffnen, dass wir aufmerksam sind für seine Gegenwart. Der Alltag, die tagtäglichen Sorgen und Mühen, die uns in Beschlag nehmen – wir dürfen uns durch sie nicht täuschen lassen. Gott tritt bei Maria ein in ihrem Alltag, und er will auch zu uns kommen, hier und heute in unserem alltäglichen Leben.

4. ADVENTSSONNTAG C

OFFEN FÜR DIE BEGEGNUNG MIT GOTT

1. L: Mi 5,1–4a | 2. L: Hebr 10,5–10 | Ev: Lk 1,39–45

Liturgische Begrüßung

Der Herr, der Retter, der Sohn der Jungfrau Maria, sei mit euch!

Einführung

Der Advent neigt sich alsbald seinem Ende zu. Viele Vorbereitungen galt es in den letzten Wochen zu treffen für ein gelingendes Weihnachtsfest. Die wichtigste Frage für uns aber muss wohl sein: Sind wir bereit dafür, dass Christus selbst zu uns, ja zu mir ganz persönlich kommen will? Die vielen Mühen und Besorgungen bergen manchmal die Gefahr in sich, den Kern von Weihnachten zu übersehen: Gottes Sohn möchte ankommen in unserem Leben; es gilt, dafür Raum zu schaffen und immer neu zu begreifen, was es heißt, dass Gott Mensch wird – für mich, für uns. Rufen wir dazu das Erbarmen und die Hilfe des Herrn an.

Kyrie-Rufe

Herr Jesus Christus,
- du Sohn Gottes und Sohn der Jungfrau Maria.
- du Nachkomme aus dem Haus David.
- du Licht, das aufgegangen ist über Betlehem.

Fürbitten

Gott, der Herr, hat Maria gesegnet und zur Mutter seines Sohnes erwählt. Mit ihr als Fürsprecherin bitten wir ihn:
- Für alle Menschen, die sich auf das Weihnachtsfest vorbereiten: dass sie die Freude und den Frieden von Weihnachten erfahren dürfen.
- Für die Christen in Betlehem und für alle Menschen im Heiligen Land: dass sie zu Versöhnung, gerechtem Ausgleich und Frieden finden.

- Für die kranken und einsamen Menschen: dass ihnen die frohe Botschaft von der Geburt Christi Trost und Halt schenke.
- Für die Menschen, an die wir in diesen Tagen besonders denken – für unsere Familien, unsere Freunde, für die Menschen, von deren Not wir wissen: dass sie bei dir Geborgenheit und Schutz finden.

Herr, lass uns bereit sein wie Maria, deinen Sohn aufzunehmen; lass uns bereit sein, dir und unseren Mitmenschen in Liebe zu begegnen. Darum bitten wir durch Christus, unsern Herrn. Amen.

PREDIGTVORSCHLAG I

NUR EIN STROHHALM

Aus Mexiko stammt folgende weihnachtliche Erzählung: Die Hirten sind in der Heiligen Nacht zur Krippe gekommen und dann wieder gegangen. Vielleicht haben sie damals Geschenke mitgebracht; gegangen sind sie jedoch mit leeren Händen. Ich kann mir aber vorstellen, dass vielleicht ein Hirte, ein ganz junger, doch etwas mitgenommen hat von der Krippe. Ganz fest in der Hand hat er es gehalten. Die anderen haben es erst gar nicht bemerkt. Bis auf einmal einer sagte: „Was hast du denn da in der Hand?“ – „Einen Strohhalm“ sagte der junge Hirte, „einen Strohhalm aus der Krippe, in der das Kind gelegen hat.“ „Einen Strohhalm!“, lachten die anderen, „das ist ja Abfall! Wirf das Zeug weg.“ Aber der Junge schüttelte nur den Kopf. „Nein“, sagte er, „den behalte ich. Für mich ist er ein Zeichen, ein Zeichen für das Kind. Jedes Mal, wenn ich diesen Strohhalm in der Hand halten werde, dann werde ich mich an das Kind erinnern und daran, was die Engel von ihm gesagt haben.“

Und wie ist es mit dem kleinen Hirten weitergegangen? Am nächsten Tag fragten die anderen Hirten ihn: „Und, hast du den Strohhalm noch? Ja? Mensch, wirf ihn weg, das ist doch nur wertloses Zeug!“ Er aber antwortete: „Nein, das ist nicht wertlos. Jesus Christus hat darauf gelegen.“ – „Ja, und?“ lachten die anderen, „das *Kind* ist wertvoll, aber doch nicht das Stroh.“ „Ihr habt Unrecht“, sagte der kleine Hirte, „das Stroh ist schon wertvoll. Worauf hätte das Kind denn sonst liegen sollen, arm wie es ist? Nein, mir zeigt es, dass Gott das Kleine liebt, das Wertlose. Ja, Gott liebt die Kleinen – die, die nicht viel können, die nichts wert sind.“

Ja, der Strohhalm aus der Krippe war dem kleinen Hirten wichtig. Wieder und wieder nahm er ihn in die Hand, dachte an die Worte der Engel, freute sich darüber, dass Gott die Menschen so lieb hat, dass er so klein wurde wie sie.

Eines Tages aber nahm ihm einer der anderen den Strohhalm weg und sagte wütend: „Du mit deinem Stroh. Du machst mich noch ganz verrückt!“ Und er zerknickte den Halm mehrfach und warf ihn zur Erde. Der kleine Hirte stand ganz ruhig auf, strich ihn wieder glatt und sagte zu dem anderen: „Sieh doch, er ist geblieben, was er war: ein Strohhalm. Deine ganze Wut hat daran nichts ändern können. Sicher, es ist leicht, einen Strohhalm zu knicken, und du denkst: ‚Was ist schon ein Kind, wo wir einen starken Helfer brauchen?‘ Aber ich sage dir: Aus diesem Kind wird ein Mann, und der wird nicht tot zu kriegen sein. Er wird die Wut der Menschen aushalten, ertragen und bleiben, was er ist – Gottes Retter für uns. Denn Gottes Liebe ist nicht klein zu kriegen.“[4]

Gott nimmt sich des Kleinen und Unscheinbaren an. Der junge Hirte hat vielleicht am besten von allen verstanden, was Gott mit der Geburt seines Sohnes im Stall von Betlehem sagen wollte. Er hat es oft schon angekündigt: In der heutigen Lesung aus dem Buch Micha heißt es, dass Betlehem eigentlich doch ziemlich klein und unscheinbar war. Gewiss, aus dieser Stadt stammte einst David, der herausragende König Israels. Aber danach versank der Ort über Jahrhunderte ins Vergessen und in die Bedeutungslosigkeit. Und dass ein junges Mädchen aus Nazaret die Mutter des Sohnes Gottes werden sollte, dass sie von Gott so sehr gesegnet sein sollte unter allen Frauen, das war ebenfalls alles andere als wahrscheinlich und erwartbar.

Der Strohhalm, den der junge Hirte von der Krippe mitgenommen hat – er stellt tatsächlich am besten dar, worauf sich Gottes Sohn einlässt, wie klein Gottes Liebe sich hier macht und wie reich und groß er damit zugleich die Menschen beschenkt, gerade die Armen und Schwachen: Nicht in einem Palast kommt Christus

---

4 Frei wiedergegeben nach einer Erzählung aus Mexiko, im Internet abrufbar z. B. unter: https://viktorjanke.de/nur-ein-strohhalm-weihnachtsgeschichte/

zur Welt, noch nicht einmal in einem normalen Haus oder einer Wohnkammer, sondern vielmehr draußen in einer notdürftigen Behausung, unterwegs, umhergetrieben von den Mächtigen der Zeit.

Maria sagt es so in ihrer Antwort auf die Seligpreisung durch Elisabeth, ihrer Verwandten, mit einem wunderbaren Lobgesang auf Gott, dem Magnifikat, gleich im Anschluss an die Verse des heutigen Evangeliums:

> „Meine Seele preist die Größe des Herrn
> und mein Geist jubelt über Gott, meinen Retter.
> Denn auf die Niedrigkeit seiner Magd hat er geschaut.
> Siehe, von nun an preisen mich selig alle Geschlechter [...]
> Er stürzt die Mächtigen vom Thron
> und erhöht die Niedrigen.
> Die Hungernden beschenkt er mit seinen Gaben
> und lässt die Reichen leer ausgehen“ (Lk 1,46–53).

Ja, der Strohhalm passt wunderbar zu diesem Gott. Gott macht sich selbst klein, um bei den Kleinen und Schwachen zu sein. Und darin erweist er gerade seine Größe und Stärke.

PREDIGTVORSCHLAG II

DASS ES ADVENT WIRD – IN DIR

Ein Gedicht, das, so meine ich, gut zu diesen letzten Tagen im Advent passt, lautet:

> „Wie wünschte ich, dass es Advent wird in dir.
> Wie wünschte ich, bei dir zu wohnen,
> vertraut zu sein mit dir und alle Last mit dir zu teilen.
> Sieh, ich komme dir entgegen
> in allen deinen Wünschen, ich, dein Gott.
>
> Wie wünschte ich, dass es Advent wird in dir.
> Wie wünschte ich, dass du deine Abweisung
> und kalte Verschlossenheit aufgäbest
> und mir wieder in die Augen schaust.
> Sieh, ich komme dir entgegen
> auf allen deinen Wegen, ich, dein Gott.

Wie wünschte ich, dass es Advent wird in dir.
Wie wünschte ich, dass du mich hineinlässt
in deine Trauer und Nacht,
deine Niederlagen und deine verrinnende Zeit.
Siehe, ich komme dir entgegen
in allen deinen Gefangenschaften, ich, dein Gott.

Wie wünschte ich, dass es Advent wird in dir.
Wie wünschte ich, in deiner Stadt, deiner Straße,
deinem Haus, deinem Herzen, neu geboren zu werden.
Siehe, ich komme dir entgegen
von der Ewigkeit der Ewigkeiten her, ich, dein Gott."[5]

„Wie wünschte ich, dass es Advent wird in dir." „Advent" – dieses Wort bedeutet ja eigentlich „Ankunft", Ankunft des Herrn. Es verweist auf die Ankunft Gottes in dieser unserer Welt, eine Ankunft, die wir Menschen so sehr ersehnen. Aber das ist noch nicht alles. Dieses Gedicht dreht es geradewegs um: Es ist nicht nur das innigste Verlangen vieler Menschen, es ist auch die tiefste Sehnsucht *Gottes*, zu den Menschen zu kommen, ihnen zu begegnen, bei ihnen zu sein – so sagen es uns die Zeilen dieses Gedichtes. Er will uns begegnen in all unserer Trauer, in all unseren Sorgen und Lasten, in unserer Mühsal und Begrenztheit, in all unserer Verschlossenheit und unserem Eingesperrtsein in Zwänge.

Doch: Kann das Gott nicht ohnehin? Kann er denn nicht immer und überall zu uns kommen? Nein, er kann es nicht, wenn wir uns ihm gegenüber nicht öffnen, wenn wir uns ihm gegenüber abschotten und uns ihm kalt verschließen. Es kommt schon auch auf uns an, ob es wirklich Advent und Weihnachten werden kann, ob Gott uns auch wirklich begegnen kann in diesen Tagen, in dieser Adventszeit, ja in unserem ganzen Leben.

Zwei Frauen, die offen waren für die Begegnung mit Gott, sind uns heute im Evangelium vorgestellt worden. Maria, die junge Frau, die ein Kind erwartete, obwohl sie doch noch gar nicht verheiratet und mit ihrem Mann zusammengekommen war; und dann daneben ihre Cousine Elisabeth, die schon im fortgeschrittenen Alter stand. Sehr schmerzlich war es wohl für sie, bis dahin

---

5 Verfasser unbekannt. Quelle: www.predigtforum.at („Kontexte" zum 4. Adventssonntag C).

keine Kinder bekommen zu haben, und die Aussicht darauf schwand mit den Jahren.

Doch beide, Maria und Elisabeth, waren offen für Gott und für seinen Willen. Sie ließen ihn ein in ihr Leben, sie vertrauten sich ihm an; sie hofften auf ihn – und waren so guter Hoffnung. Und für beide war es offenbar wichtig, voneinander zu erfahren und einander beizustehen in dieser für sie zunächst so frohen, aber doch auch zutiefst verwirrenden Situation. Darum macht sich Maria auf, um Elisabeth, ihre Verwandte, zu besuchen und blieb dann noch drei Monate bei ihr. Letztlich aber sind es nicht nur diese beiden, die einander nahekommen. Auch ihre jeweiligen Kinder begegnen sich hier, so will es das Lukasevangelium uns vermitteln: Jesus, der Sohn Mariens, und Johannes der Täufer, das Kind Elisabeths, das schon im Mutterleib sich freudig rührt, weil es die Nähe des Gottessohnes spürt.

Gott will ankommen, auch in unserem Leben. Er ist es, der sich danach sehnt, bei uns zu sein, uns beizustehen. Maria hat sich aufgemacht zu Elisabeth – so wie Gott sich aufgemacht hat in seinem Sohn, um zu den Menschen zu kommen. Das ist die Begegnung, zu der wir alle in diesen Tagen eingeladen sind. Gott kommt auf uns zu. Weichen wir ihm nicht aus. Nehmen wir ihn freundlich auf wie damals Elisabeth und wie ihr Kind Johannes in ihrem Mutterschoß. Und öffnen wir uns wirklich für die Begegnung mit ihm in seinem Sohn Jesus Christus, weil er uns in unseren Sehnsüchten, in all unseren Sorgen und Nöten nahe sein und beistehen will. Öffnen wir uns und begegnen wir ihm voll Freude und Begeisterung.

HEILIGER ABEND – WEIHNACHTEN – FEST DER HEILIGEN FAMILIE

IN DER HEILIGEN NACHT – AM WEIHNACHTSTAG

HEUTE IST EUCH DER RETTER GEBOREN

In der Hl. Nacht: 1. L: Jes 9,1–6 | 2. L: Tit 2,11–14 | Ev: Lk 2,1–14
Am Morgen: 1. L: Jes 62,11–12 | 2. L: Tit 3,4–7 | Ev: Lk 2,15–20
Am Tag: 1. L: Jes 52,7–10 | 2. L: Hebr 1,1–6 | Ev: Joh 1,1–18

Liturgische Begrüßung I

Heute ist euch der Heiland geboren, Christus, der Herr! Seine Gnade sei mit euch!

Oder

Liturgische Begrüßung II

Jesus Christus, geboren als Kind in der Krippe, strahlt heute über uns auf und will unser Leben hell machen. Seine Gnade sei mit euch!

Einführung I Unfassbar ist, was wir (in dieser Nacht) heute feiern: Gott kommt den Menschen zum Greifen nahe, er wird Mensch in Jesus von Nazaret. Das ist Grund zu großer Freude und zum Dank an Gott; denn nun wissen wir: Er lässt die Menschen nicht allein. Er geht unsere Wege mit, er ist wahrhaft der „Immanuel", der „Gott-mit-uns". Deshalb rufen wir im Kyrie zu ihm und loben und preisen ihn in Jesus Christus, dem menschgewordenen Sohn Gottes.

Oder

Einführung II „Wahres Licht", „starker Gott", „Friedensfürst", „Heiland der Welt" – es sind wahrlich große Worte, die beschreiben wollen, was wir in dieser Nacht / am heutigen Tag feiern: die Geburt des Sohnes Gottes im Stall von Betlehem. Das Kind in der Krippe wirkt unscheinbar, verletzlich und klein. Und doch kommen mit ihm die Sehnsucht, das Hoffen und

Bangen der Menschen zu ihrer Erfüllung. Denn in diesem Kind spricht Gott sein Ja zu uns Menschen und zu dieser Welt, gerade zu allen Geschundenen, Entrechteten und Verlassenen. Gott zeigt durch die Menschwerdung seines Sohnes, wie groß seine Liebe zu uns Menschen ist, wie sehr er für uns Heil und Glück und Segen will. Darum preisen wir im Kyrie das Erbarmen Gottes in seinem Sohn Jesus Christus.

Oder

Einführung III Immer ist die Geburt eines Kindes ein Hoffnungszeichen. Das Leben geht weiter, Zukunft ist geschenkt. In dieser Nacht / An diesem Tag feiern wir Gottes Treue zu uns Menschen. In dem neugeborenen Kind Jesus erkennen wir das unwiderrufliche Ja, das Gott zur Welt, zu den Menschen und zu jedem einzelnen von uns gesprochen hat. Alle Hoffnungen und jede Sehnsucht kommen in diesem Kind an ihr Ziel. Deshalb feiern wir in Freude und großer Dankbarkeit Weihnachten und wollen gemeinsam zu Gott rufen und ihn für sein Erbarmen preisen.

Kyrie-Rufe Herr Jesus Christus,
- du Licht in dunkler Nacht.
- du Hoffnung und Sehnsucht der Menschen.
- du Zeichen der Liebe und Nähe Gottes.

Fürbitten I In Jesus Christus hat Gott sich der Welt geschenkt. Voll Vertrauen kommen wir mit unseren Anliegen zu ihm, dem menschgewordenen Sohn Gottes:
- Christus, du Wort Gottes für diese Welt, stärke durch deine befreiende Botschaft alle, die in ihrem Leben keinen Sinn und keinen Halt mehr sehen!

V Christus, höre uns.
A Christus, erhöre uns.

– Christus, du Licht der Welt, schenke den Völkern, die in der Finsternis von Krieg und Gewalt leben müssen, Frieden und Versöhnung!
– Christus, du Abbild des ewigen Vaters, lass uns dein Antlitz im Gesicht eines jeden Menschen entdecken, gerade bei den Menschen, die in Not sind!
– Christus, du treuer Zeuge für die Welt, ermutige alle Getauften, sich zu dir zu bekennen, und gib den getrennten Christen Einheit und Gemeinschaft!
– Christus, du Leben der Welt, schenke allen, die dir im Leben und im Sterben vertraut haben, die ewige Gemeinschaft des Himmels!

Herr, unser Gott, in festlicher Freude feiern wir die Geburt deines Sohnes, unseres Herrn und Bruders Jesus Christus. Ihm sei Lob und Ehre, heute und in Ewigkeit. Amen.

Oder

Fürbitten II Gottes Liebe ist in seinem Sohn Jesus Christus unter uns Menschen sichtbar und greifbar geworden. Mit den Sorgen und Nöten unserer Zeit kommen wir zu ihm und beten:

– Für die verschiedenen christlichen Kirchen, dass sie in Einheit und dienender Hingabe Zeugnis von deiner menschgewordenen Liebe ablegen.

V Gott, unser Vater.
A Wir bitten dich, erhöre uns.

– Für alle Menschen, die auch in diesen Tagen unter Krieg, Gewalt und Unterdrückung leiden, dass ihnen Wege zu Frieden, Versöhnung und Gerechtigkeit eröffnet werden.
– Für die Armen und Notleidenden in dieser Welt, dass ihnen wirksame Hilfe zuteilwird.
– Für die Kranken und für alle, die ihnen beistehen und sie pflegen, dass sie Kraft und Halt finden in dir.
– Für alle, die um einen lieben Menschen trauern und gerade in diesen Tagen sein Fehlen beson-

ders schmerzlich spüren, dass sie zu Trost und neuer Hoffnung finden.

– Für unsere Verstorbenen, die auf dich gehofft haben, dass sie auf ewig leben dürfen bei dir.

Großer und gütiger Gott, mit der Geburt deines Sohnes im Stall von Betlehem hast du diese Welt mit Freude und Hoffnung erfüllt. Dafür preisen wir dich heute und in Ewigkeit. Amen.

Oder

Fürbitten III Christus ist das Licht, das in unsere Finsternis leuchtet. Aus dem Dunkel dieser Welt, in den Nöten und Sorgen, die uns bedrängen, rufen wir zu ihm:

– Für die Christenheit, die in viele Kirchen und kirchliche Gemeinschaften gespalten ist: um Einheit im Glauben und in der Liebe.

V Christus, höre uns.

A Christus, erhöre uns.

– Für alle, die die frohe Botschaft von Weihnachten zu verkünden haben, dass ihre Botschaft die Herzen der Menschen erreicht.

– Für die Kirche in Lateinamerika, dass sie – unterstützt durch unser Adveniat-Opfer – für Gerechtigkeit und Menschenwürde eintritt.

– Für das Land, in dem Jesus Christus geboren wurde und gelebt hat, für Israel und seine Nachbarstaaten, um einen gerechten und dauerhaften Frieden in dieser Region.

– Für alle, die in diesen Tagen einsam und traurig sind, dass weihnachtliche Freude in ihre Herzen einziehe.

– Für unsere Verstorbenen, die wir an diesem Weihnachtsfest in unserer Mitte vermissen, dass ihnen in deinem Reich des Lichtes und des Friedens ewige Freude zuteilwerde.

Darum bitten wir dich, himmlischer Vater, durch deinen Sohn Jesus Christus. Er ist der Abglanz deiner Herrlichkeit und das Abbild deines Wesens. Dir sei Preis und Dank in alle Ewigkeit. Amen.

PREDIGTVORSCHLAG I

GOTTES SEHNSUCHT, BEIM MENSCHEN ZU SEIN

Es ist schon ein merkwürdiger Satz, der da vom mittelalterlichen Theologen und Mystiker Meister Eckhart überliefert wird; er lautet: „Niemals hat ein Mensch irgendetwas so begehrt, wie Gott danach begehrt, beim Menschen sein zu dürfen."

Ist es wirklich so erstrebenswert, bei den Menschen zu sein? Tagtäglich hören wir doch davon, was das menschliche Dasein offensichtlich zutiefst prägt: Streit und Gewalt, Krieg und Terror, Hunger, Unterdrückung und Ungerechtigkeit, Krankheit und Tod. Auch die weihnachtliche Festzeit ist davon nicht ausgenommen, wie wir immer wieder erfahren müssen. So mancher vermisst in diesen Tagen auch einen lieben Menschen, von dem er im vergangenen Jahr Abschied nehmen musste. Leiden und Trauer kennzeichnen unser Leben. Hinfällig und zerbrechlich ist es. Was also soll daran so anziehend sein?

Gott selbst hätte es besser wissen müssen. Als sein Sohn als Mensch geboren wurde, da spürte er sofort die Nöte des Menschseins. Kaum zur Welt gekommen, ist ein Schrei – wie bei jedem Neugeborenen – seine erste Lebensäußerung. Die Geburt geschah zudem nicht in einer normalen Wohnung, nicht in geheizten Räumen, nicht wohlbehütet und gut versorgt in einem Krankenhaus wie in unseren Tagen heute, sondern in ganz ärmlichen, bescheidensten Verhältnissen. Draußen vor der Stadt, in einem Stall für Tiere, inmitten von Schmutz und Gestank kommt der Sohn Gottes zur Welt. Eine Futterkrippe wird zu seiner ersten Wiege, so erzählt es das Lukasevangelium. Musste Gottes Sohn sich das antun?

Sein weiterer Lebensweg unterscheidet sich dann nicht viel von den ersten Schritten in das menschliche Dasein. In einfacher Umgebung wächst Jesus auf; er reift heran, verkündet das Reich Gottes und schart Jünger um sich, um schließlich zuletzt ganz schmachvoll und schmerzensreich am Kreuz hingerichtet zu werden. Schon im Stall von Betlehem zeichnet sich damit ab, dass der Sohn Gottes nicht zu den Begünstigten dieser Welt gehört, sondern im Gegenteil zu den Außenseitern, zu den Verlierern, zu den Menschen am Rande. Wofür hat er das alles auf sich genommen? Kann sich das denn auch nur irgendwie lohnen?

„Niemals hat ein Mensch irgendetwas so begehrt, wie Gott danach begehrt, beim Menschen sein zu dürfen." All die Beschwernisse, alles absehbare Leiden und alle Nöte können den Sohn Gottes nicht daran hindern, zu den Menschen zu kommen. Die Antwort auf das unfassbare Rätsel der Menschwerdung Gottes erhalten wir im ersten Johannesbrief; denn dort heißt es: „Darin offenbarte sich die Liebe Gottes unter uns, dass Gott seinen einzigen Sohn in die Welt gesandt hat, damit wir durch ihn leben" (1 Joh 4,9).

So groß ist Gottes Liebe zu uns, dass er es einfach nicht aushält, uns in unserem schwachen, stets angefochtenen und hinfälligen Dasein allein zu lassen. Er will bei uns sein – in jeder Gefährdung, in jeder Sorge, in jeder Trauer. Das ist das Geheimnis von Weihnachten: Der Glaubende ist nicht allein. Er weiß sich umfangen von Gottes väterlicher Liebe, er weiß Jesus Christus als Bruder und als Weggefährten an seiner Seite, er darf auf das bleibende Geleit und den Beistand des göttlichen Geistes vertrauen.

Gott will bei den Menschen sein. Die Sehnsucht und Liebe zu seinem Geschöpf treiben ihn dazu an. Wollen auch wir bei uns und bei unseren Mitmenschen sein? Manchmal sagen wir: Wir haben doch selbst schon genügend zu tragen, wir können es kaum in unserer eigenen Haut aushalten; um die anderen können wir uns da nicht auch noch kümmern. Jeder ist sich selbst der Nächste.

Weihnachten aber will unser Leben verwandeln. Der Lichterglanz dieser Tage gibt Zeugnis von dem Licht, das in die Welt kam und unser Dasein verändert hat. Es will uns helfen, mit unserer menschlichen Begrenztheit zu leben und voll Vertrauen und Hoffnung unseren Weg zu gehen. Weil Gott uns annimmt, können auch wir uns annehmen – uns selbst und unsere Mitmenschen. Wir wissen: Gott gibt uns Halt, wir haben bei ihm Bedeutung, wir sind das Ziel seiner Sehnsucht und Liebe.

Und diese Liebe sollen wir weiterschenken. Gottes Sehnsucht muss auch unsere Sehnsucht entzünden. Bei den Menschen zu sein, gerade bei den Notleidenden, den Geächteten, den Marginalisierten – das ist auch uns aufgetragen gemäß dem Vorbild Gottes. So können wir auch diesen Menschen zeigen, was uns als Geheimnis von Weihnachten aufgegangen ist: dass es Gottes größtes Begehren ist, zu uns Menschen zu kommen und bei uns zu sein.

PREDIGTVORSCHLAG II

DRAUSSEN IM STALL

„... weil in der Herberge kein Platz für sie war“ (Lk 2,7), so heißt es im Evangelium der Heiligen Nacht, darum legen Maria und Josef ihr neugeborenes Kind in eine Krippe. Gottes Sohn kommt in die Welt – aber es ist kein Platz für ihn vorhanden. Der einzige Ort, der ihm zugewiesen wird, ist draußen, außerhalb der schützenden Mauern der Herbergen, draußen in einem Futtertrog für Tiere, allenfalls vielleicht noch geschützt durch den Bretterverschlag einer Scheune oder eines Stalles. Es ist kein Platz da für den Sohn Gottes selbst, der herunterkommt auf diese Erde – und dabei ziemlich heruntergekommen ist.

Ein wahrhaft holpriger Auftakt fürs Leben, und in den darauffolgenden Jahren wird das nicht einfacher: Nicht in einem Palast wächst das göttliche Kind auf, nicht umsorgt von Dienern und Lakaien, nicht gebettet auf Wohlstand und Reichtum. Nein, Gottes Sohn erfährt keine freundliche Aufnahme, kein offizielles Begrüßungskomitee holt ihn feierlich ab und befreit ihn aus seiner Obdachlosigkeit. Sein Kommen war schlicht nicht vorgesehen; mit ihm hat niemand gerechnet. So recht Platz machen will für ihn keiner.

Damit teilt Gottes Sohn das Schicksal vieler Menschen, auch noch in heutiger Zeit: Wer stört, wer nicht vorgesehen ist, wer nichts mehr leisten kann, der muss selber schauen, wo er einen Platz für sich findet. Abgeschoben wird so mancher: Kinder, um die sich keiner kümmern will; ältere, kranke und pflegebedürftige Menschen, die nicht mehr am öffentlichen Leben teilnehmen können; Arbeitslose, die keine Perspektive für sich sehen; Asylsuchende, die große Hoffnungen in unser Land setzen, nun aber erkennen müssen, dass hier kein Platz für sie zu sein scheint. Gottes Sohn ist wahrlich nicht allein damit, dass er draußen bleiben muss – auch darin wird er ganz Mensch, Mensch wie die, für die in der Gesellschaft kaum Raum ist.

„Geht zu den Rändern, zu den Menschen am Rande!“ So hat Papst Franziskus schon bald nach seinem Amtsantritt die Priester, ja die Christen insgesamt aufgerufen. Und er tut dies mit gutem Recht. Denn Weihnachten sagt uns, dass Gott es genauso gemacht hat.

Sein Sohn hat sich aufgemacht nicht in das Zentrum menschlicher Machtfülle und irdischer Pracht, sondern er kam zur Welt in einem kleinen Ort – in Betlehem, dessen Bedeutung längst schon vergessen war; und dann wurde er auch hier nicht in einer gewöhnlichen Unterkunft geboren, sondern draußen, im Stall, in einer Krippe. Die ersten Zeugen seiner Geburt waren Hirten – auch sie damals keine hoch angesehenen Menschen; sie waren schlecht bezahlt und lebten mit ihren Herden, den Unbilden der Natur, den Gefahren wilder Tiere und den Überfällen von Räubern ausgesetzt. Menschen also waren das, die ebenfalls nur am Rande der sonstigen Gesellschaft lebten. Sie aber erkennen als erste, wer da zur Welt gekommen ist, und kommen aus dem Staunen gar nicht mehr heraus.

Manchmal, so scheint es, ist es auch heute noch genauso wie damals: Gott scheint keinen rechten Platz in dieser Welt zu haben. Freundlich, aber bestimmt wird er von der Tür gewiesen. Religion, so heißt es, ist doch Privatsache. Das mag schon sein – aber wo im persönlichen, im privaten Leben spielt Gott dann eine Rolle? Kann man den Fragen, die sich im Leben stellen, tatsächlich ausweichen? Vor allem aber: Kann man auch wirklich tragende Antworten finden – ohne Gott? Und wenn man bei Gott Antworten findet: Warum soll das dann gar keine Auswirkung haben auf das Leben in der Gesellschaft?

Ganz gewiss ist Gott nicht darauf angewiesen, in unserem Leben einen Platz einzunehmen. Er bleibt Gott – so oder so. Aber für uns ändert sich doch Entscheidendes. Menschen, die Gott in ihr Leben eingelassen haben, sind Zeugen dafür. Die Hirten, die das neugeborene Christuskind in der Krippe gefunden haben, waren erfüllt von Freude und Hoffnung. Das Kind in der Krippe – es zeigt uns: Ich bin nicht allein in meinem Leben. Ich bin nicht alleingelassen in meinem Sehnen, Hoffen und Wünschen. Gott gibt all dem Raum und Platz und Geborgenheit – auch wenn ich mit meinem Leben noch so sehr Außenseiter und im Abseits zu sein scheine. Das ist die tröstliche Botschaft von Weihnachten, das ist die Botschaft des Kindes – draußen in der Krippe, draußen im Stall.

PREDIGTVORSCHLAG III

IN CHRISTUS VON GOTT BERÜHRT

Menschen, die nicht sehen und auch nicht hören können, sind von ihrer Umgebung abgeschlossen. Wie kann man mit ihnen kommunizieren? Wie können sie sich auch anderen mitteilen? Lange dachte man, dass diese Menschen nichts lernen können, dass hier jede Mühe der Bildung umsonst sei, weil sie wirkungslos bleibe. Erst allmählich setzte hier ein Umdenken ein, und es gab erste Erfolge mit einer Sprache, die sich nicht mit gesprochenen Lauten oder mit sichtbarer Schrift mitteilt, sondern vielmehr mit Berührungen.

Ein bekanntes Beispiel dafür ist Helen Keller. 1880 wurde sie in Alabama in den USA geboren. Im Alter von 19 Monaten erkrankte sie schwer an einer Hirnhautentzündung und verlor dadurch vollständig ihr Hör- und Sehvermögen. Später entwickelte sie Handzeichen, um sich ihrer Umgebung irgendwie verständlich zu machen. Aber weil das oftmals nicht funktionierte, hatte die kleine Helen immer heftigere Wutausbrüche – wohl schlicht aus Verzweiflung über ihre Lage.

Eines Tages kam eine neue Lehrerin, Anne Sullivan, zu Helen Keller. Sie wandte bei Gehörlosen ein Fingeralphabet an, mit denen sie ihnen Worte in die Handflächen zeichnete. So sollten die Kinder lernen, dass jedes Ding seinen Namen hat. Der Durchbruch bei Helen kam mit dem Wort Wasser – water. Anne Sullivan berichtet: „Wir gingen zu der Pumpe, wo ich Helen ihren Becher unter die Öffnung halten ließ, während ich pumpte. Als das kalte Wasser hervorschoss und den Becher füllte, buchstabierte ich ihr w-a-t-e-r in die freie Hand. Das Wort, das so unmittelbar auf die Empfindung des kalten, über ihre Hand strömenden Wassers folgte, schien sie stutzig zu machen. Sie ließ den Becher fallen und stand wie angewurzelt da. Ein ganz neuer Lichtschein verklärte ihre Züge. Sie buchstabierte das Wort water zu verschiedenen Malen. Dann kauerte sie sich nieder, berührte die Erde und fragte nach dem Namen, ebenso deutete sie auf die Pumpe und das Gitter. Dann wandte sie sich plötzlich um und fragte nach meinem Namen. Ich buchstabierte teacher (Lehrer) in die Hand. […] Auf dem ganzen Rückweg war sie in höchstem Grade aufgeregt und erkundigte sich nach dem Namen jedes Gegenstands […] Am nächsten Morgen stand Helen früh wie eine strahlende Fee auf. Sie flog von einem Gegenstande zum anderen, fragte nach der Bezeichnung jedes Dinges und küsste mich vor lauter Freude."[6] Soweit die Schilderung von Anne Sullivan. Später studierte Helen Keller sogar; sie wurde Schriftstellerin, und mit ihrer Bekanntheit setzte sie sich vielfach ein für benachteiligte Menschen.

„Und das Wort ist Fleisch geworden". So fasst das Johannesevangelium die weihnachtliche Botschaft zusammen. Gottes Sohn wird Mensch; er wird geboren als ein Kind im Stall von Betlehem. Aber diese Geburt damals war mehr als nur die Weitergabe des menschlichen Lebens, wie sie uns vertraut ist. Was nämlich Gott anbelangt, sind wir Menschen im Grunde in einer ganz ähnlichen Situation wie Helen Keller: Wir können ihn nicht begreifen, wir können nicht mit ihm kommunizieren, seine Worte nicht unmittelbar aufnehmen. Unsere Fähigkeiten reichen dazu schlicht nicht aus. Wir sind gleichsam taub und blind für Gott, weil wir ihn nicht sehen und nicht hören können.

Und wie wenig wir Gott verstehen können, wird uns immer wieder schmerzlich bewusst. Warum müssen geliebte Menschen sterben? Warum all die schweren Krankheiten? Warum Kriege und Katastrophen, warum Terror und brutale Gewalt? Warum Unfälle und schwere Beeinträchtigungen? Hier, angesichts des Leides wird uns doch unsere Blindheit, unsere Taubheit, unser Unvermögen, Gott begreifen zu können, nur allzu deutlich. Wut und Verbitterung, Trauer und Verzweiflung – all das ist dann nur allzu verständlich.

Da tut es gut, dass dieses Unvermögen, Gott erkennen zu können, wenigstens ein wenig aufgebrochen worden ist. Johannes schreibt weiter über den menschgewordenen Gottessohn: „Der Einzige, der Gott ist und am Herzen des Vaters ruht, er hat Kunde gebracht" (Joh 1,18). Gottes Sohn kommt in die Welt, um den Menschen zu zeigen, wie Gott ist, wie sehr er mit den Menschen mitfühlt.

Die Aussage des Johannesevangeliums, dass das Wort Fleisch geworden ist, mag uns sehr abstrakt und theoretisch vorkommen. Aber es ist damit doch eine tiefe Wahrheit ausgedrückt: Gott selbst zeigt sich den Menschen, er teilt sich ihnen mit, er berührt diese Welt und zeichnet in die menschlichen Handflächen hinein sein

6 Zitiert nach: Ernst Cassirer, Versuch über den Menschen. Einführung in eine Philosophie der Kultur, Hamburg 2007, S. 60 f.

Wort, seine Botschaft für diese Welt. An Jesus selbst kann man gleichsam „ablesen“, wie Gott ist, wie sehr er die Menschen liebt, wie sehr er ihnen nahe sein will, gerade auch in allen Bedrängnissen, in aller Not, in aller Verlassenheit und Einsamkeit, in aller Trauer und Verzweiflung. In Jesus berührt er diese Welt, zärtlich und einfühlsam, und macht so verständlich, dass er ein Gott der Liebe ist.

„Das Wort ist Fleisch geworden“, heißt es bei Johannes. Es sind nicht etwa nur ein paar Buchstaben auf einem Stückchen Papier oder ein paar Silbenklänge, die ebenso schnell gesprochen wie dann verhallt sind. Nein, Gottes Wort hat sprichwörtlich Hand und Fuß. Er selber zeichnet sich ein in das Leben der Menschen und macht ihnen so verständlich: Ich bin da bei euch. Ich lasse euch nicht allein. Ich begleite euch mit meiner Liebe.

PREDIGTVORSCHLAG IV

GOTT WEISS UM UNS

Der Leiter eines Kinderkrankenhauses in Managua in Mittelamerika hat bis spät abends gearbeitet. Er will nach Hause, daheim erwartet ihn seine Familie. Noch einen letzten Kontrollgang macht er durch die Station. Da hört er hinter sich Schritte. Im Halbdunkel erkennt er einen der kleinen Patienten, ein Kind ohne Angehörige. Sein Gesicht ist schon vom Tod gezeichnet. Als er auf den Jungen zugeht, ergreift dieser seine Hand. „Sag doch irgendjemandem“, so flüstert er, „sag doch bitte irgendjemandem, dass ich hier bin.“ – Der Franziskanerpater Cornelius Bohl hat einmal von dieser kleinen Begebenheit erzählt, die ihm selbst von einem Mitbruder berichtet wurde.[7]

„Sag doch bitte irgendjemandem, dass ich hier bin“, so war es der Wunsch dieses Kindes. Irgendjemand muss doch da sein, den es interessiert, dass es mich gibt, und dem daran gelegen ist zu wissen, wie es um mich steht. So kann man die flehentliche Bitte des Kindes deuten in seiner Verlassenheit und Not.

---

7 In: Katholische Sonntagszeitung. Regensburger Bistumsblatt Nr. 51/52, 87 (2018), S. 11.

Bei uns kommt es uns oft nicht viel anders vor. Gibt es da jemanden, den es berührt, was mit mir werden wird, wie es mir geht, was einmal sein wird mit mir? So manches Dunkel, so manche Krankheit gibt es auch in unserem Leben; gerade in der Corona-Zeit haben wir das ja leidvoll erfahren müssen. Auch unser Leben ist begrenzt, und letztlich gehen wir alle mit jedem Tag, mit jedem Jahr dem Tod ein Stückchen weiter entgegen. Kann es da jemand geben, dem das nicht egal ist, der uns in unserer Verlassenheit noch nahe ist?

Manfred Lütz, der bekannte Arzt und Theologe, hat einmal in einer Fernsehdiskussion auf einen, so denke ich, wichtigen Punkt hingewiesen: Viele Menschen in der Gegenwart glauben zwar an ein höheres Wesen, an ein göttliches Prinzip oder auch an den Zufall, der hinter dem Universum stehe. Dem Zufall aber oder einem höheren Prinzip ist es herzlich egal, was mit mir, was mit dem einzelnen Menschen geschieht. Wie es mir ergeht, berührt dieses universale Wesensprinzip in keinster Weise. Es verändert sich auch nicht dadurch, dass ich im Leben etwas durchmache und erleide.

Ganz anders aber ist es bei unserem christlichen Gott: Er lässt sich vom Schicksal des Menschen wirklich anrühren, und zwar, weil er ein Gott der Liebe ist, ein Gott, den man ganz vertraut anreden kann mit „du“, der eine Person ist, nicht nur ein Prinzip oder eine Maxime. Dieser Gott lässt sich wirklich ansprechen von uns Menschen, und er lässt sich davon auch berühren. Denn es interessiert ihn, wie es um uns steht und wie es uns ergeht. Er weiß schon längst darum, dass es uns gibt. Und er will uns zeigen, dass er uns nahe ist und dass er uns nicht vergisst.

In der Geburt seines Sohnes Jesus Christus ist das überdeutlich geworden. Gottes Sohn wird Mensch. Gottes Liebe zu uns Menschen bekommt damit Hand und Fuß und, noch mehr, ein Gesicht. In Jesus Christus können wir sehen, wie Gott selbst ist, wie sehr er sich betreffen lässt vom Schicksal der Menschen. In ihm haben wir ein handfestes Gegenüber, das wir ansprechen können, die menschgewordene Zusage Gottes, dass er uns im Leben begleitet und immer bei uns ist.

„Sag doch bitte irgendjemandem, dass ich hier bin.“ Wir Christen brauchen uns nicht mit einem höchsten Prinzip, mit einer universalen Weltordnung und dergleichen zu begnügen. Denn uns ist viel Größeres und Besseres geschenkt. In dem Kind in der Krippe wird für uns deutlich und greifbar, dass unser Gott ein Gott ist, der mit den Menschen mitfühlt und ihnen nahe sein will. Wir sind nicht allein und nicht verloren in dieser Welt, auch wenn sie noch so dunkel, von Krankheit und Leiden, von Hoffnungslosigkeit und Elend gezeichnet erscheint. Es gibt jemanden, der um uns wissen will, von Anfang an und immer, und dem es nicht egal ist, wie es uns geht, ganz im Gegenteil.

Und um uns das zu zeigen, wird Gottes Sohn Mensch, lässt sich betreffen von unserer menschlichen Begrenztheit, ja noch mehr: Er nimmt sie selber an; er nimmt sie auf sich, um uns ganz nahe zu sein. Darum ist Weihnachten ein Fest der Hoffnung und der Freude, selbst in schwerer Zeit: Gott ist da bei uns. Das Kind in der Krippe – es ist Gottes menschgewordene Liebe zu uns Menschen.

PREDIGTVORSCHLAG V

LICHT IM DUNKEL DER NACHT

Einen beeindruckenden Werbespot hat ein bekannter Lebensmitteldiscounter vor wenigen Jahren zum Weihnachtsfest in den Medien veröffentlicht. Mit fast drei Minuten ist er zehnmal so lange wie ein normaler Werbeclip. Erzählt wird darin von einem alleinerziehenden Vater, einem Straßenbahnfahrer, und seinem halbwüchsigen Sohn. Das Verhältnis der beiden ist spannungsgeladen, vor allem weil der Vater aufgrund seines Berufes oft gerade dann nicht Zeit hat, wenn ihn sein Sohn bräuchte. Aber dieses Jahr am Heiligen Abend, da werde es anders sein, verspricht der Vater. Auf keinen Fall werde er an diesem Tag noch die Abendschicht übernehmen, das stehe für ihn schon heute fest.

Doch als es dann soweit ist, kommt der nächste Fahrer einfach nicht, der ihn doch eigentlich hätte ablösen sollen. Völlig aufgelöst hinterlässt der Vater seinem Sohn auf dem Anrufbeantworter eine Nachricht, dass ihn die Zentrale verpflichtet habe, auch noch für die nächsten Stunden den Fahrdienst mit zu übernehmen, dass es ihm so unendlich leidtue und dass er es wieder gut machen werde, ganz bestimmt, fest versprochen.

Doch was macht der Sohn? Unvermutet klopft es an der Tür der Straßenbahn, in der sein Vater sitzt. Überrascht schaut er auf – und draußen steht seinen Sohn. Wie früher seine Mutter, als er noch ein kleiner Junge war, bringt er nun dem Vater in der Frischhaltedose etwas zu essen vorbei. Und so feiern beide wenigstens auf diese Weise ein wenig den Heiligen Abend – gemeinsam als Familie.

Zusammenstehen, aufeinander zugehen, gerade in schwerer Zeit – das ist die Botschaft, die dieser Werbeclip vermitteln will, so heißt es darin am Ende. Aber ist es wirklich so einfach? Hohe Erwartungen werden ja mit Weihnachten weithin verbunden, in einem jeden Jahr. Ein Fest der Liebe, ein Fest des Friedens und der Harmonie soll es sein. Doch sind Enttäuschungen und Sorgen wirklich vergessen, wenn wir an Weihnachten zusammenkommen? Haben Uneinigkeit und Streit ein Ende, weil uns ja der Friede auf Erden verheißen ist?

Die eigentliche Botschaft von Weihnachten aber ist eine andere. Sie blendet Not und Kummer nicht einfach aus, sondern geht da vielmehr mitten hinein. Die Eltern Jesu müssen sich trotz der weit vorangeschrittenen Schwangerschaft auf den Weg machen, um sich in Betlehem für die Steuerliste registrieren zu lassen. Fern von Zuhause setzen dann die Wehen ein. Eine normale Unterkunft aber ist selbst jetzt nicht aufzutreiben für Josef und Maria und ihr neugeborenes Kind. Eine Futterkrippe für Tiere müssen sie zur Wiege umfunktionieren, weil nichts anderes da ist im Stall, in dem sie unterkommen. Komfortabel, geschweige denn prunkvoll ist hier gar nichts, nirgendwo ein Lichtblick – außer das Kind selbst, das seine Eltern mit Freude erfüllt, genauso wie später die Hirten, die noch in der Nacht zum Stall kommen.

Doch auch sie sind im Grunde keine noblen Gäste. Schlecht bezahlt, von den Menschen verachtet, dem harten Leben draußen in der Natur schutzlos ausgeliefert, oft auch etwas raue Gesellen, die sich zu verteidigen wussten und auch manchem, der nicht aufpasste, sein Geld abnahmen – ihnen, ja gerade diesen Hirten damals, wird die Botschaft der Geburt des Gottessohnes als Erste zuteil. Größere Gegensätze könnte man sich wohl kaum vorstellen. Aber das zeigt schon: Dieser Sohn Gottes hält sich nicht fern von der Not und dem Leid der Menschen. Dieser Sohn Gottes geht da vielmehr mitten hinein. Er lässt sich anrühren von unserer menschlichen Bedürftigkeit, von der Schuld und dem Bösen, das es in dieser Welt gibt, ja noch mehr: Er nimmt es selber an, als Kind in der Krippe.

Weihnachten nimmt darum nicht einfach alle Sorgen und Mühen, alle Verlassenheit und Verunsicherung, Einsamkeit und Trennung hinweg. Die Sorgen, wie es weitergehen wird, haben heute nicht einfach ein Ende, und auch Krieg und Gewalt, Streit und Uneinigkeit werden mit diesem Fest nicht einfach aufhören. Aber eines ist uns doch gesagt, und das ist das Wesentliche, das wir feiern dürfen heute an Weihnachten: Mitten hinein in dieses Dunkel der Welt kommt Gottes Sohn zur Welt. Er ist sich nicht zu schade, Nöte, Sorgen und Leid mit uns zu tragen, von Anfang an.

Die harten und ärmlichen Umstände seiner Geburt deuten schon darauf hin, und später einmal wird sich das bewahrheiten, wenn der erwachsene Jesus sich gerade den Sündern, den Ausgestoßenen, den Kranken und vielen anderen Geplagten zuwenden wird. Schließlich wird er sich auch nicht zu schade sein, einen schmählichen Verbrechertod am Kreuz zu sterben. Wahrlich: Dieser Sohn Gottes scheut nicht zurück vor den Abgründen menschlichen Daseins. Er scheut sich nicht, nach ganz unten zu gehen. So groß ist seine Liebe zu uns, zu uns Menschen.

Gerade das aber ist der Lichtblick, der uns aufstrahlt im Dunkel der Nacht. Dass Gott zu uns steht, dass er in seinem Sohn zu uns kommt und uns nahe ist, gerade dann, wenn's im Leben schwierig wird, wenn Sorgen, Kummer und Nöte uns bedrängen – das ist die frohe, die trostreiche Botschaft, die wir an Weihnachten feiern dürfen.

PREDIGTVORSCHLAG VI

DIE WELT IN KINDERHÄNDEN

Was haben Herbert Grönemeyer und Fra Angelico gemeinsam? Beide hatten dieselbe Idee: „Gebt die Welt in Kinderhände …" Was da der Popstar mit verschmitztem Lächeln als Vision besingt in seinem Lied „Kinder an die Macht!", das hat Fra Angelico auf überaus anschauliche Weise als Bekenntnis an eine Wand seines Klosters gemalt: Christus sitzt als Kind auf dem Schoß Mariens, in seiner linken Hand hält er eine Weltkugel, kaum dass er sie mit seinen kleinen Fingern umfassen kann. Christus als Herrscher der Welt, als Weltenrichter, als das Heil dieser Erde.

Ganz anders aber schildert es uns die Bibel. Von Pomp und Glanz ist da nichts zu spüren. Nicht einmal für eine hochschwangere Frau ist noch Platz in der Herberge, nur in einem Stall draußen vor der Stadt finden Maria und Josef noch Unterschlupf. Das Kind, das Maria in derselben Nacht zur Welt bringt, muss sie in eine Futterkrippe legen, in einen Trog, aus dem sonst Schafe, Ziegen und Rinder fressen. Kein Bettchen steht bereit, keine Wiege, kein Kissen. Das Kind liegt da, in Windeln gewickelt, auf Stroh gebettet in einem ärmlichen, stinkenden, kalten Stall. Ist das wirklich der Herrscher der Welt?

Eines der sieben Weltwunder der Antike war die Zeus-Statue in Olympia. Der Überlieferung nach war sie unfassbar groß und beeindruckend, ein Wunderwerk damaliger Bildhauerkunst. Darin war sie ein angemessenes Abbild des höchsten Gottes der alten Griechen, des Göttervaters Zeus. Ganz anderes aber begegnet uns in der Krippe. Hier liegt ein kleines Kind, ohne Glanz, ohne Größe. Seine erste Regung auf Erden ist ein Schrei und ein Weinen. Es ist angewiesen auf seine Eltern, es muss gestillt und gewickelt werden. Kann das der König der Welt sein?

Kinder spielen gerne am Boden. Wenn wir mit ihnen spielen wollen, dann müssen wir es ihnen gleichtun. Wir müssen uns zu ihnen hinunter beugen, nur dann können wir uns mit ihnen beschäftigen. Den Kindern macht es nichts aus, am Boden zu sein, dort wo andere mit ihren Schuhen und Füßen herumgehen. Ein Erwachsener würde das nicht tun, und für ihn würden wir uns nicht hinunter beugen.

Gott aber macht genau das. Vielleicht können wir so nachvollziehen, was es heißt: Gott wird Mensch. Gott entäußert sich wirklich seiner Göttlichkeit, er legt ab, was an ihm unendlich und erhaben ist und geht hinein in die Niedrigkeit eines Menschen. Er lässt sich herab und fängt ganz von vorne an, so wie jeder Mensch anfangen muss: Er wird ein Kind, angewiesen auf andere, angewiesen auf Schutz und Fürsorge. Auch sein erstes Lebenszeichen ist ein Schrei, der Schrei nach Geborgenheit und Liebe. Es macht ihm nichts aus, in der Krippe zu liegen, am Boden zu sein, dort auf Augenhöhe mit den Menschen, gleichsam auf Du und Du. Der Herrscher der Welt geht den umgekehrten Weg: nicht noch mehr Macht, nicht noch mehr Besitz und Einfluss, sondern genau entgegengesetzt: noch weniger, bis hinab zu den letzten Menschen am Rande der Stadt, bis hinab zu ganz bescheidenen Anfängen. Er wird ein Herrscher ohne Macht, ein Herrscher, wie es ihn nicht in dieser Welt gibt, ein Herrscher – bedürftig und schutzsuchend bei anderen, ein Mensch wie du und ich.

Aber wenn er so ohnmächtig ist: Ist er dann überhaupt ein König? Hat er dann überhaupt Macht, und wenn ja, welche sollte das denn sein?

Fra Angelico hat seinem Christuskind eine Weltkugel in die Hand gegeben, doch das ist noch nicht alles. Die andere Hand hat Christus erhoben zum Segen. Das ist für uns ein Zeichen: Dass Gott sich auf selbe Höhe mit den Menschen begibt, das kann nur Heil und Leben und Segen bedeuten. Es kann nur bedeuten: Gott geht von nun an die Wege unseres Lebens mit, alle Wege, auch die Wege, die uns an den Rand unserer Kräfte führen.

Das ist seine Macht als ohnmächtiges Kind, als Kind in der Krippe: Von nun an ist ihm das Schicksal der Menschen nicht mehr fremd, nein, denn nun ist es *sein* Schicksal; unser Lebensweg ist eingezeichnet in den seinen. Das ist die Macht dieses Königs, der ganz zu Boden geht: die Macht des Mitgehens, die Macht des Begleitens, die Macht des Mitfühlens bis hinein in die letzte Not und Entäußerung, die Macht der Liebe.

„Gebt den Kindern das Kommando!“, dichtet Herbert Grönemeyer in seinem Lied. Und Gott macht es genauso: Er lässt einem Kind das Sagen. Es sagt uns: Gott hat uns nicht vergessen, im Gegenteil: Jetzt ist er uns ganz nahe. Im Kind von Betlehem sehen wir sein Antlitz für unsere Welt.

2. WEIHNACHTSTAG – FEST DES HEILIGEN STEPHANUS

KRIPPE UND KREUZ

L: Apg 6,8–10; 7,54–60 | Ev: Mt 10,17–22

Liturgische Begrüßung I

Der Herr, der gekommen ist, um die Finsternis der Welt mit seinem Licht zu erfüllen, sei mit euch!

Oder

Liturgische Begrüßung II

Jesus Christus, der Sohn Gottes, für den die Märtyrer Zeugnis ablegen, sei mit euch!

Einführung I Größer könnten die Gegensätze wohl kaum sein: Nur einen Tag nach Weihnachten, dem frohen Fest der Geburt des Sohnes Gottes, begehen wir einen Tag, der an Tod und Verbrechen erinnert, den Tag des heiligen Stephanus, des ersten Christen, der für seinen Glauben den Märtyrertod erlitt. Wie geht das zusammen – hier das Fest des Friedens und der Liebe und heute das Gedenken an einen Menschen, der für Christus sterben musste?

Und dennoch gehört beides zusammen, mehr als uns lieb ist. Der Weg von der Krippe führt unmittelbar hin zum Kreuz. Das Fest des heiligen Stephanus erinnert uns daran, wozu der Sohn Gottes auf die Erde kam: nicht um sich bedienen zu lassen, sondern um zu dienen und sein Leben hinzugeben als Lösepreis für viele. Krippe und Kreuz gehören zusammen; auch an Weihnachten können und wollen wir das Elend dieser Welt nicht einfach ausklammern und außen vor lassen. Aber wir wissen auch: Gott hat die Not der Menschen angenommen, als er in Jesus Christus Mensch wurde. Darum rufen wir voll Vertrauen im Kyrie zu ihm.

Oder

Einführung II Der heutige Tag ist der Zweite Weihnachtstag. Doch zugleich ist er auch das Fest des heiligen Stephanus, des ersten Märtyrers der Kirche. Schon die Umstände der Geburt des göttlichen Kindes haben darauf hingedeutet, welcher Weg ihm und damit allen, die ihm nachfolgen, vorgezeichnet sein wird: Jesus kam nicht in einem Palast zur Welt, er kam nicht in Macht und verschwenderischem Reichtum, sondern in der Armut und Bescheidenheit eines Stalles, unterwegs und umhergetrieben von den Mächtigen. Er kam zur Welt in der Ohnmacht der Liebe. Das Fest des heiligen Stephanus heute erinnert uns an das Wort Jesu: Der Menschensohn ist gekommen, nicht um sich bedienen zu lassen, sondern um zu dienen und sein Leben hinzugeben als Lösepreis für viele. Durch seine Liebe und seine Hingabe hat Jesus uns gerettet. Das sagt uns das Kind in der Krippe. Darum rufen wir voll Vertrauen im Kyrie zu ihm.

Kyrie-Rufe Herr Jesus Christus,
- Stephanus sah dich im Himmel zur Rechten des Vaters sitzen.
- du kamst, um dein Leben für alle hinzugeben.
- durch dich steht uns der Himmel offen.

Fürbitten Lasst uns beten: Herr, unser Gott, am heutigen Tag führst du uns das Vorbild des heiligen Märtyrers Stephanus vor Augen. Wir bitten dich:
- Für deine Kirche, die das Fest der Geburt deines Sohnes feiert: Mache alle Gläubigen bereit, für die Frohbotschaft glaubwürdig Zeugnis zu geben!

V/A Herr, erhöre uns!
- Für die Kinder und Jugendlichen: Begleite sie mit deinem Segen auf ihrem Lebensweg!
- Für unsere Familien: Stärke in ihnen den Zusammenhalt und schenke Versöhnung, wo Zwietracht herrscht!

- Für alle Völker der Erde: Zeige ihnen Wege aus Krieg und Terror, Hunger und Verelendung, Verschuldung und Unterdrückung!
- Für alle, die ungerecht verfolgt werden: Sei ihnen in ihrer Bedrängnis nahe und stärke sie mit deiner Kraft!
- Für unsere Verstorbenen: Öffne ihnen den Himmel und nimm sie auf in die ewige Gemeinschaft mit dir!

Herr, unser Gott, dein Sohn Jesus Christus ist Mensch geworden, um die Wege dieses Lebens mit uns zu gehen. Er ist wahrhaft der Gott-mit-uns. Dafür danken wir dir und preisen dich heute und alle Tage bis in Ewigkeit. Amen.

PREDIGTVORSCHLAG

TROST UND HOFFNUNG DURCH DAS KIND IN DER KRIPPE

Vor einiger Zeit erzählte mir ein Mann im Gespräch: Es war wenige Tage vor Weihnachten, als meine Mutter einen schweren Schlaganfall erlitt. Es war wie ein Schock: Bislang war sie immer so tatkräftig und zupackend gewesen, wo auch immer für ihre Familie Hilfe und Unterstützung notwendig waren, gerade bei den Enkelkindern. Nun aber lag sie im Koma, zwischen Leben und Tod. Auf der Intensivstation des Krankenhauses standen wir an ihrem Bett. Wie sollten wir jetzt noch Weihnachten feiern können? Mein Vater war der Verzweiflung nahe, und sicher hat er auch mit Gott gerungen, nicht anders als auch ich selber. Wie betäubt und innerlich leer fühlten wir uns – und das inmitten einer Welt voll weihnachtlich-fröhlicher Stimmung. Vehement hat es mein Vater dann abgelehnt, in diesem Jahr einen Christbaum aufzustellen. Ohne meine Mutter wollte, ja ohne sie konnte er nicht Weihnachten feiern.

Und dann kam der Heilige Abend. Für uns Geschwister mit den kleinen Enkelkindern kam es nicht infrage, unseren Vater an diesem Abend alleine zu lassen. Auch wenn die Trauer uns niederdrückte – am Ende war es doch ein Abend mit Freude und Hoffnung. Wer schon einmal mit kleinen Kindern zu tun hatte, der weiß: Sie nehmen einen in Beschlag. Unsere Mutter hatte es uns selber oft und oft vorgemacht, wenn sie sich um ihre Enkel kümmerte. Und darum war es auch an diesem traurigen Heiligen Abend vielleicht alles andere als unpassend und verkehrt: Die Freude der Kinder hat auch uns angesteckt. Sie haben unsere Aufmerksamkeit auf sich gezogen und uns in diesen schweren Stunden getröstet und Hoffnung gegeben. –

Kinder verlangen unsere Zuwendung und Aufmerksamkeit, und sie lassen uns darin zugleich Trost und Hoffnung erahnen. Was dieser Mann am Heiligen Abend erfahren hat, das können wir, so meine ich, auch auf den heutigen Zweiten Weihnachtstag übertragen. Die Gegensätze könnten nicht größer sein: Gestern noch haben wir die Geburt Jesu Christi, des göttlichen Kindes, wohl zumeist in froher und unbeschwerter Weise gefeiert. Heute nun steht im Grunde ein grausames Geschehen im Mittelpunkt: Stephanus, ein Mitglied des leitenden Siebenerkreises der Urgemeinde von Jerusalem, wird von den Behörden verhaftet, vom Hohen Rat wegen seines Bekenntnisses zu Christus verurteilt und zu Tode gesteinigt.

Wenn wir unsere Welt anschauen, dann ist es allerdings nicht anders: Auch an Weihnachten sterben Menschen, geschehen Unglücksfälle und Katastrophen, leiden Menschen unter Kriegen, Gewalt und Terror. Gerade Christen werden auch in dieser weihnachtlichen Zeit Opfer von Verfolgung und Benachteiligung, wie wir immer wieder erfahren müssen. Weihnachten kann das Leid und das Elend der Menschen nicht beenden, so spüren wir. Auch in diesen Tagen werden wir davon heimgesucht und schmerzlich daran erinnert, wie verletzlich unser Leben ist, wie vergänglich und begrenzt. Wie aber können wir dann überhaupt noch Weihnachten feiern?

Gewiss, wir dürfen dieses Leidvolle und Schwere unseres Lebens nicht einfach ausblenden. Wir dürfen nicht so tun, als würde es das nicht geben, als hätten wir hier eine heile Welt um uns, wenigstens für ein paar Stunden, wenigstens für eine Nacht und einen Tag. Denn das wäre bloße Selbsttäuschung; es würde nicht der Wirklichkeit standhalten. Gerade der Festtag des heiligen Stephanus, des ersten Märtyrers der Kirche, erinnert uns daran, mit fast unerträglicher Wucht. Auch in diesen Tagen liegen wieder Menschen auf den Intensivstationen der Krankenhäuser. Auch in diesen Tagen bangen ihre Angehörigen um sie. Auch in diesen

Tagen trauern Hinterbliebene um geliebte Menschen, von denen sie Abschied nehmen mussten.

Da tut es vielleicht gut, sich an das zu erinnern, was der Mann sagte, der mir von seiner so schwer erkrankten Mutter erzählt hat: Kinder ziehen unsere ganze Aufmerksamkeit auf sich. Sie brauchen unsere Zuwendung und nehmen uns in Beschlag. Nicht anders ist das beim göttlichen Kind in der Krippe. Immer ist die Geburt eines Kindes ein Hoffnungszeichen. Es vermag uns zu trösten; denn es ist ein Zeichen des Lebens.

Deshalb passt es dann doch sehr gut, wenn wir nur einen Tag nach Weihnachten den Todestag des Stephanus feiern. Sein Leiden und Sterben steht damit nicht unter den Zeichen von Sinnlosigkeit und Verzweiflung, sondern vielmehr unter dem hellen Licht, das in Betlehem aufgestrahlt ist. Gott wendet sich den Menschen zu. Er schenkt ihnen seine Nähe, sein Geleit im Leben durch seinen menschgewordenen Sohn. Das Kind in der Krippe will uns sagen: Du bist auch in deinem Schmerz, auch in deiner Trauer, auch in deiner Verlassenheit nicht alleine. Denn in diesem Kind ist Gott selbst uns nahe.

Kinder ziehen unsere Aufmerksamkeit auf sich. Der Blick auf das Kind in der Krippe soll uns Trost und Hoffnung geben. Stephanus hat Kraft geschöpft aus dem Wissen, dass in Jesus Gott zur Welt gekommen ist: „Ich sehe den Himmel offen und den Menschensohn zur Rechten Gottes stehen“, sagt er unmittelbar vor seiner Steinigung (Apg 6,56). Uns dem Kind in der Krippe zuzuwenden und sich von ihm in Beschlag nehmen zu lassen, kann darum auch uns helfen, gerade in größter Not und Verzweiflung. Denn dann kann uns aufgehen, dass der Himmel sich aufgetan hat, ja dass Gott sich für die Menschen geöffnet hat in dem Kind von Betlehem.

FEST DER HEILIGEN FAMILIE A | B | C

IN ALLEM UNS GLEICH – AUCH ALS KIND EINER FAMILIE

Lesejahr A: 1. L: Sir 3,2–6.12–14 | 2. L: Kol 3,12–21 | Ev: Mt 2,13–15.19–23
Lesejahr B: 1. L: Sir 3,2–6.12–14 *oder* Gen 15,1–6; 21,1–3 | 2. L: Kol 3,12–21 *oder* Hebr 11,8.11–12.17–19 | Ev: Lk 2,22–40 *oder* 2,22.39–40
Lesejahr C: 1. L: Sir 3,2–6.12–14 *oder* 1 Sam 1,20–22.24–28 | 2. L: Kol 3,12–21 *oder* 1 Joh 3,1–2.21–24 | Ev: Lk 2,41–52

Liturgische Begrüßung

Der Friede Jesu Christi, des menschgewordenen Gottessohnes, sei mit euch!

Einführung I Maria und Josef und das Christuskind in der Krippe – so ist uns das Bild der Heiligen Familie, deren Fest wir heute feiern, weithin vertraut. Es wirkt auf uns sehr idyllisch und friedlich. Und doch wissen wir, wie viele Sorgen und Nöte die Familie Jesu – nicht anders als die Familien heute – bestehen musste. Darum lädt uns dieser Tag heute besonders ein, für das Glück der Ehen, für ein gelingendes Familienleben und für die Zukunft der Kinder zu beten.

Oder

Einführung II Geborgenheit in der Familie – danach sehnen sich viele Menschen. Und doch wissen wir, dass gerade die Familien in der Gegenwart vielfachen Herausforderungen ausgesetzt sind. Das heutige Fest erinnert uns daran, dass auch Jesus in einer Familie aufgewachsen ist und von seinen Eltern Maria und Josef ins Leben geführt wurde. Das war auch damals schon alles andere als einfach. So wollen wir im Blick auf die Heilige Familie heute besonders bitten um das Glück der Ehen, um ein gelingendes Familienleben und um eine gute Zukunft für alle Kinder.

Kyrie-Rufe

Herr Jesus Christus,
- du rufst uns in jeder Eucharistiefeier als deine Familie zusammen.
- als Bruder der Menschen teilst du unsere Freude und unsere Sorgen.
- du nimmst die Kinder unter deinen besonderen Schutz.

Fürbitten

Gott, der Vater im Himmel, hat uns als seine geliebten Kinder angenommen. Deshalb bitten wir ihn:
- Für die armen und notleidenden Menschen, besonders für die Kinder in der Dritten Welt: Lass ihnen wirksame Hilfe zuteilwerden!

V Gott, unser Vater.
A Wir bitten dich, erhöre uns.

- Für die Familien: Schenke ihnen Zusammenhalt, gegenseitige Wertschätzung und Vertrauen in dein Geleit!
- Für die Eheleute: Segne ihren Bund, mehre ihre Zuneigung füreinander und lass sie Zeichen sein für deine Liebe zu den Menschen!
- Für die Kinder und Jugendlichen: Beschütze sie auf ihrem Lebensweg, lass sie in ihren Eltern verständnisvolle Ratgeber finden und schenke ihnen treue Freunde!
- Für unsere Verstorbenen, besonders für unsere verstorbenen Familienangehörigen: Lass sie geborgen sein bei dir, unserem Vater!

Herr, du lässt uns nicht allein. Du begleitest uns auf allen Wegen unseres Lebens. Dir sei Ehre in alle Ewigkeit. Amen.

PREDIGTVORSCHLAG

EIN TAG DER MÜTTER, VÄTER, KINDER UND DER FAMILIEN

Eltern und Kinder werden heute am Fest der Heiligen Familie in den Mittelpunkt gerückt. Im weltlichen Bereich gibt es das in ganz ähnlicher Weise: Der Muttertag erinnert an die hohe Bedeutung, die Mütter für ihre Kinder und Familien haben; der Vatertag hebt eigens die Väter hervor, und der Valentinstag ist der Liebe zwischen den Eltern, aber auch anderer Liebender gewidmet. Nicht so bekannt ist der Tag, der den Kindern zugedacht ist; dafür begehen wir ihn hier in Deutschland gleich zweimal: einmal den „Internationalen Kindertag" am 1. Juni – ein Erbe aus der früheren DDR –, zum anderen aber den „Weltkindertag" am 20. September, der von den Vereinten Nationen ins Leben gerufen wurde und seit 1954 auch in der Bundesrepublik Deutschland im Kalender steht.

Das Fest der Heiligen Familie will kirchlicherseits allerdings Muttertag, Vatertag und zugleich Kindertag in einem sein; denn an ihre Anliegen, ihre Sorgen, ihre Mühen soll heute in besonderer Weise erinnert und für sie gebetet werden. Familien sind die Grundlage einer Gesellschaft; ohne sie und die Kinder, die in ihnen in guter Weise aufwachsen können, gibt es keine Zukunft, keine Fortentwicklung. Und umgekehrt braucht der Mensch andere, die ihn ins Leben einführen, die für ihn sorgen und da sind, die ihm mitgeben, was auch sie selbst in ihrem Leben als wichtig und wertvoll erfahren haben. Der Mensch ist eine biologische Frühgeburt, so sagt die Wissenschaft. Während viele Tiere bereits von Geburt an oder dann recht bald selbstständige Lebewesen sind, die nicht mehr auf andere angewiesen sind, dauert es beim Menschen Jahre, bis er buchstäblich, aber noch mehr im übertragenen Sinne auf eigenen Beinen stehen kann. Gerade bei einem Säugling aber wird es überdeutlich, wie sehr der Mensch zunächst der Hilfe und Sorge anderer bedürftig ist.

Bei Gottes Sohn ist es nicht anders. Er wird ganz Mensch – und das bedeutet zunächst: Er wird ein hilfloses, verletzliches Kind, in Windeln gewickelt, wie es im Weihnachtsevangelium heißt, gestillt, gewärmt, behütet. In einer menschlichen Familie wächst auch er auf, der Fürsorge seiner Eltern und anderer anvertraut. Wie ein jeder kleiner Mensch muss auch er vieles erst noch erlernen – und zeigt sich darin erneut ganz als Mensch wie jeder andere auch.

Und wie jede andere Familie ist offenbar auch die Heilige Familie mit so manchen Herausforderungen konfrontiert: Das Matthäusevangelium berichtet etwa vom grausamen Kindermord in Betlehem, den Herodes befohlen hatte, um den befürchteten Konkurrenten um seinen Thron auszuschalten. Nur durch eine Flucht nach Ägypten können Maria und Josef ihr Neugeborenes retten, so heißt es hier weiter. Der zwölfjährige Jesus scheint dann seinen Eltern bei der Tempelwallfahrt in Jerusalem entwischt und lieber noch bei den Schriftgelehrten geblieben zu sein, so erzählt es Lukas. Die großen Sorgen, die sich Maria und Josef um ihn machten, kann er da noch nicht recht verstehen. Schließlich ist auch die friedliche Szene bei der Darbringung Jesu im Tempel vierzig Tage nach seiner Geburt nicht ganz ohne Schatten; denn Simeon weist bei allen preisenden Worten auch darauf hin, dass Maria ein Schwert durch die Seele dringen werde – ein Hinweis schon hier auf den schmerzvollen Kreuzestod ihres Sohnes. Tatsächlich scheint der erwachsene Jesus dann auch in seiner eigenen Familie nicht unumstritten gewesen zu sein. Das legt eine Begebenheit nahe, in der seine Angehörigen ihn mit Gewalt zurückholen wollen und sogar über ihn sagen: „Er ist von Sinnen" (Mk 3,21). Vermutlich hatte seine Familie zudem einen schweren Stand in Nazaret, als Jesus bei seinem ersten öffentlichen Auftreten in der Synagoge auf breite Ablehnung stößt und er dort nur knapp der aufgebrachten Menge entrinnen kann.

Ganz heil also war auch in der Heiligen Familie nicht alles; auch sie hatte mit so manchen Sorgen und Problemen zu kämpfen – nicht anders als auch die Familien heute, Mütter, Väter und Kinder. Doch darin zeigt sich wiederum: Gottes Sohn wird tatsächlich ganz und gar Mensch; er nimmt unser Menschsein wirklich an, gerade auch als Teil einer Familie, mit allem, was hier dazugehört. Mit ihren Anliegen, mit dem, was sie bedrängt, dürfen darum auch die Familien von heute zu ihm kommen und ihn um seine Hilfe, seinen Segen, seinen Schutz bitten, zusammen mit seinen Eltern Maria und Josef. Der Sohn Gottes, Kind einer menschlichen Familie, weiß um unsere Sorgen und kann sie gut verstehen. Und darum ist für uns nicht nur heute, sondern eigentlich an jedem Tag ein Tag der Mütter, ein Tag der Väter, der Kinder und der Familien.

JAHRESSCHLUSS – NEUJAHR – 2. SONNTAG NACH WEIHNACHTEN

JAHRESSCHLUSS

ICH LEBE MEIN LEBEN IN WACHSENDEN RINGEN

L: Koh 3,1–11

Liturgische Begrüßung

Jesus Christus, der Herr, der war, der ist und der kommen wird, sei mit euch!

Einführung I Die letzten Stunden des Jahres sind angebrochen. Nur noch eine kurze Zeitspanne trennt uns vom neuen Jahr … Was wird dieses neue Jahr uns bringen? Was vom Bisherigen wird fortdauern und weitergehen, was aber wird sich ändern? Dürfen wir mit Zuversicht auf die kommende Zeit blicken – oder müssen wir eher bange Sorge haben?

An der Schwelle zum neuen Jahr wollen wir nochmals innehalten und zu Gott rufen, dem Herrn unseres Lebens und unserer Zeit. Wir wollen ihm jetzt in dieser Stunde Dank sagen für das Gute und Schöne, das wir in diesem Jahr gewiss erfahren durften. Wir dürfen jedoch auch alles Schwere, alles Belastende und Leidvolle vor ihn bringen und ihn bitten, dass er uns helfe, es zu tragen und einen Sinn darin zu entdecken. Wir dürfen darauf vertrauen, dass Gott unseren Dank, aber auch unsere Fragen, unsere Sorgen und unsere Hoffnungen wie ein gütiger Vater annehmen wird. In dieser Zuversicht bitten wir ihn um seine Nähe und um seinen Segen auch für das kommende, für das neue Jahr …

Oder

Einführung II Wieder stehen wir am Ende eines Jahres. Jetzt, in der Rückschau, scheint es wie im Flug vergangen zu sein. Zwölf Monate, gut 52 Wochen, 365 (366) Tage waren uns darin geschenkt – eine ganze

Menge an Zeit. So manches Frohe und Schöne gab es darin gewiss, manchen Erfolg und manche Zuversicht, aber auch so manches Schwere und Belastende, manchen Fehler und so manches Leidvolle. All das wollen wir heute, am letzten Tag des Jahres, zurück in Gottes Hand legen. Wir wollen ihm danken für alles Schöne und Erfüllende; wir tragen ihm heute aber auch all das vor, was uns nicht gelungen ist, was uns belastet hat und wo wir uns anderes erhofft hatten. Wir bitten ihn, dass er auch das annehmen und uns zeigen möge, wo auch darin seine Gegenwart und sein Geleit in unserem Leben spürbar waren. Dankbar und voller Hoffnung wollen wir dann Gott, unseren gütigen Vater, um seinen Segen und um seine Nähe auch für das neue Jahr … bitten.

Oder

Einführung III Mancher sagt: Silvester und Neujahr sind doch auch nur Tage wie alle anderen. Diese letzten Stunden des alten Jahres unterscheiden sich eigentlich nicht von den restlichen Stunden unserer Zeit. Weder sind diese Stunden länger noch kürzer noch sonst irgendwie bedeutsamer. Ein neues Jahr könnte genauso gut zu einem anderen Zeitpunkt beginnen – wie nicht zuletzt ja der Blick auf den jüdischen, den islamischen oder auch den chinesischen Kalender zeigt, die anders rechnen und bei denen heute kein Jahreswechsel ansteht.
Und dennoch sind diese letzten Stunden des alten Jahres für uns bedeutsam, nicht zuletzt auch für uns Christen. Denn wir werden heute eingeladen, innezuhalten und auf unser Leben zu schauen, auf das nun bald zu Ende gehende Jahr … Viel Gutes haben wir in dieser Zeit wohl erleben dürfen, sicherlich aber auch so manches Leidvolle und Schwere. Beides dürfen wir vor Gott hintragen. Für das Gute und Schöne wollen wir ihm in dieser Stunde Dank sagen. Im Blick auf alles Be-

lastende und Leidvolle aber wollen wir ihn bitten, dass er uns Kraft gebe, es zu tragen, und dass er uns helfe, darin einen Sinn zu entdecken. Wir dürfen darauf vertrauen, dass Gott uns mit unserem Dank, aber auch mit unseren Fragen und Hoffnungen wie ein liebender Vater annimmt. In dieser Zuversicht bitten wir ihn auch um seine Nähe und um seinen Segen für das kommende, für das neue Jahr …

Kyrie-Rufe

Herr Jesus Christus,

- du warst vor aller Zeit und bist doch in unser menschliches Dasein eingegangen.
- du bist gestern, heute und morgen.
- all unsere Tage sind geborgen in der Hand deines gütigen Vaters im Himmel.

Gebet zur Eröffnung – Oration

Gott, du bist ohne Anfang und ohne Ende. Unsere Zeit steht in deinen Händen. Wir schauen zurück auf das vergangene Jahr. Wir sagen dir Dank für alles Gute darin und wir bitten dich, gerade in allem Schweren und Leidvollen deine tröstende Gegenwart erfahren zu dürfen. Begleite uns auch im neuen Jahr mit deinem Segen, damit es uns zum Guten wird und damit wir alles, was wir beginnen, mit deiner Hilfe auch vollenden können. Darum bitten wir durch Jesus Christus, deinen Sohn, unseren Herrn und Gott, der in der Einheit des Heiligen Geistes mit dir lebt und herrscht in alle Ewigkeit. Amen.

Gedächtnis der Neugetauften des vergangenen Jahres

Wir wollen nun in besonderer Weise an die denken, denen im vergangenen Jahr durch das Sakrament der Taufe das neue Leben in Christus geschenkt worden ist und die dadurch hier in unserer Pfarrgemeinde neu in seine Kirche aufgenommen wurden. Wir beten darum, dass das Licht, das Christus ihnen geschenkt hat, ihr Leben erhellen möge, dass sich ihr Leben in diesem Licht entfal-

ten und dass sie selbst zum Licht für diese Welt werden mögen.
Getauft wurden im vergangenen Jahr in unserer Pfarrei:
(Es folgt die namentliche Nennung der Neugetauften – ggf. mit Entzünden einer Kerze für sie.)
Gott, unser Vater, du hast diese Kinder in der Taufe als deine geliebten Töchter und Söhne angenommen. Hilf uns, dass wir sie in ihrem Leben begleiten und ihnen glaubwürdige Zeugen deiner Liebe sind. Lass sie heranwachsen und erkennen, dass du ihr guter Vater im Himmel bist, den Jesus Christus uns verkündet hat. Darum bitten dich durch ihn, unseren Herrn.

Gedächtnis der Verstorbenen des vergangenen Jahres

Anfang und Ende des Lebens gehören untrennbar zusammen. So wollen wir in dieser Stunde auch derer gedenken, die im vergangenen Jahr gestorben sind und durch den Tod hindurch neugeboren wurden für das ewige Leben bei Gott.
Aus unserer Mitte sind im vergangenen Jahr verschieden:
(Es folgt die namentliche Nennung der Verstorbenen – ggf. mit Entzünden einer Kerze für sie.)
Allmächtiger Gott, hilflos stehen wir dem Sterben unserer Lieben gegenüber; es fällt uns schwer, deine Pläne zu begreifen und zu bejahen. Der Tod ist unabänderlich. Du aber hast uns deinen Sohn gesandt und ihn für uns alle dahingegeben. Darum können uns weder Trübsal noch Bedrängnis, ja nicht einmal der Tod von deiner Liebe trennen. Erhalte in uns diesen Glauben und führe unsere verstorbenen Schwestern und Brüder zum neuen Leben bei dir. Darum bitten wir durch Christus, unseren Herrn.[8]

8 Mit Anpassung entnommen aus: Die kirchliche Begräbnisfeier in den katholischen Bistümern des deutschen Sprachgebietes, Einsiedeln u. a. 1972/1994, S. 41.

Fürbitten Im Vertrauen auf Gott, unsern Herrn, legen wir das Jahr in seine Hand und bitten ihn in unseren Anliegen:

- Für die Kirche, um den Mut zu einem neuen Aufbruch und zum zeitgemäßen Zeugnis für deine Gegenwart in dieser Welt.

V Gott, unser Vater.

A Wir bitten dich, erhöre uns.

- Für die *eine* Christenheit, um die Bereitschaft, das Verbindende im Glauben immer neu zu suchen und zu sehen, und um die Fähigkeit, gemeinsam den Menschen und der Welt zu dienen.
- Für die Völker und alle Menschen auf dieser Erde, um Frieden und Gerechtigkeit in ihrem Zusammenleben und um Rücksichtnahme auf die Benachteiligten, die Armen und die Menschen auf der Flucht.
- Für die Opfer von Krieg und Gewalt, Terror und Unterdrückung, um die stärkere Durchsetzung der Menschenrechte und die Beachtung der Menschenwürde in aller Welt.
- Für unsere Pfarrgemeinde, um die Kraft, Wege in die Zukunft zu beschreiten.
- Für alle, die um einen lieben Menschen trauern, um Trost und Hoffnung in ihrem Schmerz.

Guter Gott, deiner fürsorgenden Hand vertrauen wir uns an in Zeit und Ewigkeit. Amen.

PREDIGTVORSCHLAG

WIE JAHRESRINGE EINES BAUMES

Im Vorraum zum Speisesaal eines Klosters in Tirol gibt es etwas Ungewöhnliches zu sehen: Dort hängt an der Wand eine Scheibe vom Stamm eines mächtigen alten Baumes. Darunter steht ein Wort des Schriftstellers Gerhart Hauptmann; es lautet: „Es muss in der Seele etwas geben, ähnlich den Jahresringen der Bäume."

Unsere Seele, unser Leben – ähnlich den Ringen, die ein Baum Jahr für Jahr in seinem Stamm bildet und mit denen er zugleich heranwächst. Vieles kann man daran ja ablesen: Die Größe der Ringe zeigt an, ob es ein gutes, für das Wachsen gedeihliches Jahr war oder aber eher ein trockenes oder sonstwie ungünstiges Jahr, oder auch, ob der Standort dem Baum gutgetan hat. Anhand der Jahresringe und der Vergleichsdaten anderer Bäume kann man schließlich sogar bestimmen, wie alt der Baum schon ist.

„Es muss in der Seele etwas geben, ähnlich den Jahresringen der Bäume." Natürlich ist es beim Menschen ungleich schwerer auszumachen, wie seine Jahre waren. Und doch ist es auch bei uns sicher so, dass uns unsere Lebensgeschichte prägt. Ob es ein gutes Jahr war oder aber ein eher schwieriges – auch für unser Dasein hat das zweifelsohne bestimmende Bedeutung. Wie beim Stamm eines Baumes, der aus den Jahresringen besteht, ist es auch beim Menschen so, dass seine Lebensgeschichte, seine Prägungen ihn ausmachen.

Darauf wollten offenbar auch die Mönche hinweisen, als sie die Scheibe des alten Baumes in ihrem Kloster in Tirol aufhängten. Das Leben des Menschen – es ist eingebettet in den Wechsel der Jahreszeiten und in den Kreislauf der Natur, es ist eingebettet in die Zeit, in seine Geschichte, in seine Umgebung. Von ihr wird der Mensch maßgeblich bestimmt. Jahr um Jahr kommen hier neue Prägungen hinzu, in denen das Leben voranschreitet und wächst, begünstigt durch alles Gute, das wir erfahren dürfen, oder auch geschwächt und herausgefordert durch Bedrängnisse, mit denen wir zu tun bekommen. So wächst der Baum unseres menschlichen Lebens empor.

Und doch: Auch der Baum ist mehr als nur die Jahresringe seines Stammes. Das Wunder seines Daseins erschließt sich nicht alleine durch das Betrachten der Ringe, die er im Laufe seines Lebens angelegt hat. So ist auch der Mensch zwar geprägt durch die Erfahrungen, die er über die Jahre im Guten wie im Bösen gemacht hat; aber das ist noch längst nicht alles.

Rainer Maria Rilke bringt es einmal in einem Gedicht in folgender Weise zur Sprache:

„Ich lebe mein Leben in wachsenden Ringen,
die sich über die Dinge ziehn.
Ich werde den letzten vielleicht nicht vollbringen,
aber versuchen will ich ihn.

Ich kreise um Gott, um den uralten Turm,
und ich kreise jahrtausendelang;
und ich weiß noch nicht: bin ich ein Falke, ein Sturm
oder ein großer Gesang."

Die alte Baumscheibe in dem Tiroler Kloster soll die Mönche nicht nur an ihre Zeitlichkeit erinnern. Sie stellt ihnen gewiss auch immer neu die Frage: Was ist eigentlich die Mitte, aus der du lebst? Worum kreist dein Leben?

Natürlich werden wir in unserem Leben von den Ereignissen geprägt, die wir tagein, tagaus erleben. Auch in diesem Jahr gab es gewiss im Leben eines jeden einzelnen von uns so manch frohe Stunden, Erfolge und bereichernde Erfahrungen, gewiss aber auch so manches Belastende, so manche Sorge, so manchen Abschied und Schmerz. Ob dieses vergangene Jahr ein Jahr war, in dem die bedrängenden Erfahrungen überwogen oder aber die guten, ob also am Baumstamm des Lebens gleichsam nur ein ganz schmaler, dunkler Jahresring zurückbleiben wird oder aber ein heller, breiter – das wird in der Rückschau nur jeder für sich selber beantworten können.

Die entscheidende Frage aber wird sein, was die Mitte von all dem ist – worum unser Leben kreist. Gott sagt uns zu, dass er unser Leben hält und erhält, gerade auch in Leiden, Krankheit und Tod. Er muss die Mitte sein, von dem alles in unserem Leben ausgeht, die Mitte, an die wir uns immer wieder halten und festmachen können.

Vor diesem Wunder des Lebens stehen wir, auch am heutigen Silvesterabend: Gott schenkt das Werden und die Vollendung, den Anfang und das Ende. Und in seine Hand wollen wir auch unsere Zeit legen, unser Leben, unsere Geschichte mit all unseren Erfahrungen, den guten wie den bösen.

NEUJAHR – HOCHFEST DER GOTTESMUTTER MARIA

GEBOREN VON EINER FRAU

1. L: Num 6,22–27 | 2. L: Gal 4,4–7 | Ev: Lk 2,16–21

Liturgische Begrüßung

Gnade und Friede von Christus, dem Sohn der Jungfrau Maria, seien mit euch!

Einführung I Wir stehen am Beginn eines neuen Kalenderjahres. Wir haben unsere Vorsätze und unsere Wünsche für das neue Jahr und auch bereits erste Termine in unseren Kalendern – was jedoch daraus werden wird, das steht noch nicht darin. In all unseren Ungewissheiten können wir unseren Blick auf Maria richten, die Gottesmutter, deren Fest wir heute, am achten Tag nach Weihnachten, feiern. Sie hat mutig ihr Ja gesprochen zu dem, was kommen wird. Sie hat einen neuen Anfang zugelassen, weil sie auf Gott vertraut hat. Darin ist Maria uns Vorbild. In dieser Zeit kann sie uns Wegbegleiterin sein hin zu ihrem Sohn Jesus Christus.

Oder

Einführung II Acht Tage nach Weihnachten feiern wir heute den Beginn eines neuen Jahres. Zugleich ist dieser Tag auch das Hochfest der Gottesmutter Maria. Maria war die erste Zeugin der weihnachtlichen Frohbotschaft. Ihr Leben und ihre Bereitschaft, ihre Offenheit für Gott sind auch uns heute ein Vorbild. Mit ihr als Fürsprecherin bitten wir ihren Sohn Jesus Christus um sein Geleit und um seinen Beistand für dieses neue Jahr …

Kyrie-Rufe Herr Jesus Christus,
- du ewiger Sohn des Vaters, geboren von Maria, der Jungfrau.
- du bist in unsere Zeit und Vergänglichkeit gekommen, um den Menschen nahe zu sein.
- du bist bei uns alle Tage bis zum Ende der Welt.

Fürbitten I Lasst uns beten zu Gott, unserem Vater, und ihn bitten, dass er uns auch in dieser kommenden Zeit mit seinem Segen begleite:
- Beende die Kriege und Kämpfe zwischen den Völkern und führe die Menschen zu Frieden und Versöhnung!

V Gott, unser Vater:
A Wir bitten dich, erhöre uns.
- Gib, dass die Verantwortlichen in Politik, Wirtschaft und Gesellschaft zum Wohle gerade der schwächsten und schutzbedürftigsten Menschen entscheiden!
- Schenke den Kranken und Pflegebedürftigen Zuversicht und lass sie Menschen finden, die ihnen in Liebe beistehen!
- Lass gerade jene deine Nähe und dein Geleit erfahren, die dem neuen Jahr mit Angst und Sorge entgegensehen!
- Gib unseren Verstorbenen Anteil an deinem ewigen Leben! Besonders denken wir heute an alle, die im zurückliegenden Jahr von uns gegangen sind.
- Auch unsere persönlichen und unausgesprochenen Anliegen bringen wir vor dich hin. Nimm dich ihrer an und schenke uns deine Hilfe!

Gütiger Gott, du bist bei uns und mit uns auch im neuen Jahr. Auf die Fürsprache der Gottesmutter höre und erhöre uns durch Christus, unseren Herrn. Amen.

Oder

Fürbitten II Gott, unser Vater, unsere Zeit steht in deinen Händen. So bitten wir dich um deinen Segen und deinen Beistand auch für das kommende Jahr:

- Der Friede auf Erden ist oft bedroht, weil Hass, Neid und Streit die Menschen entzweien. Herr, schenke der ganzen Welt ein friedvolles Jahr …!

V Gott, unser Vater:

A Wir bitten dich, erhöre uns.

- Die Regierenden tragen Verantwortung für das Zusammenleben der Völker. Stehe ihnen bei, dass sie die richtigen Entscheidungen zum Wohl der Menschen treffen!
- Viele Menschen werden Opfer von Hunger und Krankheit, Vertreibung und Gewalt. Herr, segne alle Bemühungen, ihre Leiden zu lindern, und gib, dass sie menschenwürdig leben können!
- Mit Angst und großer Sorge sehen manche dem neuen Jahr und ihrer Zukunft entgegen. Lass sie Halt finden in dir!
- Unsere Pfarrgemeinde lebt vom Miteinander und Füreinander. Lass deinen Geist in unserer Mitte wohnen, damit einer den andern achtet und wir füreinander zum Segen werden!
- Wir bringen viele persönliche Anliegen und Sorgen zu diesem Gottesdienst mit. In Stille wollen wir sie nun Gott anvertrauen. *(Stille)*

Gütiger Gott, du bist allezeit bei uns und begleitest uns mit deinem Segen. Auf dich setzen wir unsere Hoffnung. Dich loben und preisen wir jetzt und in alle Ewigkeit. Amen.

PREDIGTVORSCHLAG I

DAS GESCHEHENE IM HERZEN BEWAHREN UND BEDENKEN

Wenn ein Mensch von uns geht, dann gehen mit ihm auch viele Erinnerungen. Viel hätte er uns sicher noch erzählen können, viel hat er uns vielleicht auch berichtet, so manche Begebenheit aus seinem Leben; etwa die Geschichte davon, wie er aufgewachsen ist, die Zeit seiner Jugend; oder von der Familie und den Freunden, die er hatte; oder auch von mancher Begegnung, die sein Leben geprägt hat; sicher auch von dem einen oder anderen Schicksalsschlag, an den man nur ungern zurückdenkt.

Als Maria starb, wird auch sie sicher viele Erinnerungen mit sich genommen haben. Vieles hat sie in ihrem Herzen bewahrt und darüber nachgedacht, wie es im Evangelium heute heißt. Der tiefere Sinn mancher Begebenheit in ihrem Leben mag ihr dabei erst im Nachhinein aufgegangen sein. Hier in unserem Evangelium steht sie noch am Anfang ihres Weges, ihres Weges mit Gott und ihrem Sohn Jesus.

Noch nicht lange ist es her, da hatte sie ein Kind empfangen, und wusste nur, dass es von Gott kommt. Jetzt ist dieses Kind geboren. Wer dieses Kind ist, was aus diesem Kind wird – das konnte sie nicht wissen. Aber merkwürdig war es schon, wie die Hirten zur Krippe kamen und Gott lobten und sprachen, der Retter sei geboren, und später, als die Weisen aus dem Morgenland diesem neugeborenen Kind, ihrem Kind, huldigten, einem Kind, das doch nur in einem Stall geboren wurde, nicht in einem Palast, und das keine Wiege als Bettchen fand, sondern nur eine Futterkrippe. Was sollte das alles nur bedeuten? Wie sollte denn dieses Kind, *mein* Kind, die Welt erlösen können? So fragt Maria, die einfache, arme Frau aus Nazaret.

Kein Mensch war Gott je näher als Maria. Sie hat ihn als Kind in ihrem Schoß getragen, sie hat ihn genährt, aufgezogen, im Leben begleitet. Mit ihm ging sie durch Dick und Dünn. Bei der Hochzeit zu Kana war sie gemeinsam mit ihrem Sohn. Zusammen mit dem Brautpaar und den anderen Gästen haben sie gefeiert. Von den Reden und den beeindruckenden Taten ihres Sohnes hat sie gehört. Wohin sollte das alles nur führen? Sollte Gott die Welt damit allein erlösen können, mit diesem einfachen Zimmermannssohn?

Maria aber geht weiter ihren Weg mit Jesus mit. Sie verfolgt sein Leben treu in Liebe und Geduld. Dass Jesus sich auch Feinde gemacht hatte mit dem, was er sagte, das hat sie schmerzlich erfahren müssen. Dann musste sie mitansehen, wie er seinen letzten Weg gegangen war. Bis unter sein Kreuz ist sie ihm gefolgt. Was das Ganze bedeuten sollte, was das denn noch für einen Sinn haben kann, das hat sie erst am Ende gesehen. Die Erinnerungen sind in ihr lebendig geblieben. In ihrem Herzen hat sie alles bewahrt und darüber nachgedacht. Am Ende, lange Jahre nach Jesu Geburt, da hat sie gewusst, warum das alles geschehen ist, da hat sie gespürt, wie Gott in all dieser Zeit mit ihr gegangen ist, in den guten wie in den schweren Tagen.

Wir stehen heute am Beginn eines neuen Jahres. Wir blicken zurück auf das abgelaufene Jahr, auf die vielen Begebenheiten und Begegnungen, die wir darin hatten, und so manche Erinnerung kommt auch uns dabei in den Sinn. Vielleicht wird uns das Ziel und die Bedeutung so mancher Ereignisse, die geschehen sind, erst in dieser Zeit richtig klar, vielleicht aber auch erst am Ende unserer Tage. Was uns in diesem Jahr an Neuem erwartet – wir wissen es nicht. Wohin wir gelangen werden, ob es für uns ein gutes oder eher ein schwieriges Jahr werden wird, ist noch völlig offen.

Nur eines begleitet uns: die Erinnerung an das, was geschehen ist. Wie Maria wissen wir seit Christi Geburt: Gott ist bei uns, er ist unter uns Menschen. Mit ihm gehen wir hinein in diese Zeit. Der Sinn des Ganzen, der große Zusammenhang, die Auflösung der Rätsel unseres Lebens – am Ende werden wir sie sehen bei Gott. So gehen wir mit den Erinnerungen des vergangenen Jahres hinein in dieses neue Jahr – vertrauensvoll und im Herzen all das bewahrend wie einst Maria.

PREDIGTVORSCHLAG II

MIT MARIA EINEN NEUBEGINN WAGEN

Heute, am achten Tag nach Weihnachten, feiern wir den Beginn eines neuen Kalenderjahres. Zugleich begehen wir kirchlicherseits das Hochfest der Gottesmutter Maria. Ein wenig drängt sich da durchaus die Frage auf: Passt das denn zusammen? Ist dieser Tag damit nicht etwas überladen – noch dazu nach einer intensiven Feier in der Silvesternacht zuvor?

Eine Antwort auf diese Frage finden wir in einem Gedicht der bekannten Theologin und Schriftstellerin Andrea Schwarz; es lautet:

„Maria
Schwester im Glauben

von Gott berührt
hast du dich
auf den Weg gemacht

du hast dich aufgemacht
um Gott zur Welt zu bringen

Maria
Schwester im Glauben

ich will mich
aufmachen
mich auf den Weg machen
weil ich mich und meine Welt
zu Gott bringen will

weil ich das suche
was du gefunden hast“[9]

„Maria, Schwester im Glauben“ – so beginnt Andrea Schwarz ihre Zeilen, und sie verweist damit auf das, was uns mit der Gottesmutter verbindet: Sie war ja ein Mensch wie wir alle, mit all dem Fragen und Suchen und Sorgen, das zu unserem menschlichen Dasein dazugehört. Auch das Ringen im Glauben, das Fragen nach Gott und seinem Willen hat sie wohl gut gekannt, genauso wie wir. So ist sie tatsächlich für uns die „Schwester im Glauben“, wie Andrea Schwarz es beschreibt.

Maria aber bleibt bei diesem Suchen nach Gott, nach dem Sinn in ihrem Leben nicht einfach stehen. Sie öffnet sich für Gottes Anspruch und verspürt seine Nähe in ihrem Leben. Sie macht sich auf den Weg zu diesem Gott und mit diesem Gott, sie bricht auf, um Gott zur Welt zu bringen. Maria ermöglicht so einen Neuanfang, einen Neubeginn, weil sie offen ist für das Neue, das Gott ihr zumutet.

Wenn wir heute am Beginn dieses neuen Jahres stehen, dann ist wohl ein Gefühl für uns besonders bestimmend: die Ungewissheit darüber, was uns die kommende Zeit wohl bringen wird; die Ungewissheit, ob es uns weiterhin gut gehen wird, etwa mit unserer Gesundheit, mit dem Zusammenhalt und der Geborgenheit in der Familie, mit dem Vorankommen in Schule und Beruf – oder aber ob das neue Jahr für uns nicht so manche Veränderung, so manche Krankheit, manchen Verlust, so manchen Ärger und Streit, so manche Sorge und Herausforderung bereit halten wird.

9 Aus: Das Wunder dieser Nacht, Verlag Herder, Freiburg – Basel – Wien 2011, S. 30.

All das können wir heute noch nicht absehen. Auch die ungelösten Fragen in unserer gegenwärtigen Zeit und Welt können uns verunsichern und Angst bereiten: die noch immer andauernden Kriege und Kämpfe in den Krisenregionen unserer Erde; der skrupellose Umgang mit der Wahrheit in Politik, Gesellschaft und Medien; der fortschreitende Klimawandel mit seinen Gefahren; Armut und Hunger in der Welt, und gewiss noch so manch anderes mehr. All das könnte uns dazu verleiten, eher pessimistisch der kommenden Zeit entgegenzusehen.

Da ist es gut, heute, am Neujahrstag, die Gottesmutter Maria zu feiern und mit ihr als Begleiterin in das neue Jahr zu gehen. Denn sie war ja ein Mensch, der von Vertrauen und Zuversicht geprägt war – und das trotz aller Unsicherheiten in ihrem Leben.

„Mein Freund, machen sie einen Anfang!“ So pflegte der heilige Pfarrer von Ars Johannes Maria Vianney meist zu Menschen zu sagen, die zögerlich und verunsichert waren. Maria hat sich das getraut. Sie hat sich aufgemacht, sie hat einen Neuaufbruch gewagt – und dabei Gott in ihrem Leben gefunden. Machen auch wir uns am Beginn dieses neuen Jahres mit Maria auf den Weg, auf den Weg hinein in die kommende Zeit. Ein neuer Anfang ist uns geschenkt, eine neue Zeit. Wir sollten sie nicht ängstlich, nicht zögerlich, nicht pessimistisch angehen. Wir dürfen vielmehr darauf vertrauen, dass Gott sich finden lässt auf diesem kommenden Weg, in dieser kommenden Zeit, so wie das einst auch Maria hat erfahren dürfen.

PREDIGTVORSCHLAG III

MUT ZUM NEUEN

Aller Anfang ist schwer, so weiß der Volksmund. Und wer könnte diese Erfahrung nicht bestätigen? Vor die Geburt sind die Wehen gesetzt, mit einem Schrei tritt das Neugeborene ins Leben. Die ersten Gehversuche der Kleinkinder sind regelmäßig begleitet vom Hinfallen, das Sprechen will mühsam erlernt werden. Schließlich werden wir mit Kindergarten und Einschulung der familiären Geborgenheit entrissen. Schule und Beruf verlangen von uns beständige Anstrengung, denn „es ist noch kein Meister vom Himmel gefallen“, wie es gerne heißt. Eine neue Aufgabe, eine neue Stelle führt uns je neu unser Unwissen und unsere Unkenntnis vor Augen. An einem neuen Wohnort müssen wir uns erst zurechtfinden, und es braucht auch seine Zeit, sich in einer neuen Wohnung gemütlich einzurichten und sich dort zuhause zu fühlen. Ebenso ist es mit mitmenschlichen Begegnungen: Auch die Kontaktaufnahme dort will gelernt sein, ein guter Start ist hier viel wert; ein schlechter kann schnell alles Weitere verbauen.

„Allem Anfang wohnt ein Zauber inne“, schreibt Hermann Hesse einmal. Doch angesichts der Probleme und der Herausforderungen des Anfangs möchte man dieses Wort fast umdichten und sagen: „Allem Anfang wohnt ein Schauder inne“. Wer hat nicht Angst vor dem Neuen, das auf ihn einströmt? Wird es gut gehen, oder doch zu einer Überforderung? Ist es lohnend, das Wagnis einzugehen, oder wäre man doch besser beim Gewohnten geblieben? Genügt es nicht, sich an dem zu freuen und das zu genießen, was man erreicht hat, gemäß dem Motto: Alles soll so bleiben, wie es ist? Im Bild gesprochen würde das bedeuten: einfach den Kalender des vergangenen Jahres noch einmal hernehmen, nichts verändern, nur dasselbe in gewohnter Weise fortschreiben.

Manchmal sind wir wirklich versucht, uns das zu wünschen – in vielen Bereichen unseres Lebens. Allerdings: Die Botschaft unseres Glaubens sagt uns etwas anderes. Sie lädt uns ein, uns zu öffnen für das, was kommt. Sie lädt uns ein, mit Vertrauen die Wege ins Neue hinein zu gehen.

Denn Gott selbst setzt leidenschaftlich gerne einen neuen Anfang. Obwohl er sich selbst vollkommen genügt hätte, rief er die Schöpfung ins Dasein. „Am Anfang schuf Gott Himmel und Erde“, heißt es zu Beginn des ersten Buches der Bibel, dem Buch Genesis, das der jüdische Philosoph Martin Buber schlicht „Im Anfang“ nennt. Den Abraham ruft Gott, aus seiner Heimat wegzuziehen in ein fernes Land – und es gereicht ihm schließlich zum Segen. Gott verspricht ihm reiche Nachkommenschaft; doch erst im hohen Alter darf Abraham erfahren, dass diese Verheißung auch in Erfüllung geht, dass ihm ein Neubeginn geschenkt wird. Dem Volk Israel ermöglicht dieser Gott, aus der Sklaverei zu fliehen, wegzuziehen aus einer abgesicherten Existenz bei den Fleischtöpfen Ägyptens hinein in die Freiheit, aber auch hinein in die Unbehaustheit, den Hunger und den Durst einer langen Wüstenwanderung, immer jedoch unterwegs mit der Hoffnung auf einen Neuanfang. Und in der Gefangenschaft in Babylonien später tröstet dieser Gott sein verschlepptes Volk mit der Aussicht, endlich heimkehren zu dürfen in die Heimat, zurück zum Berg Zion und zum Tempel als wiedererrichtetes Zeichen der Nähe dieses Gottes.

Schließlich aber sendet Gott seinen eigenen Sohn in diese Welt, als Kind geboren in einem Stall, in eine Krippe gelegt. Das Johannesevangelium sagt es so: „Im Anfang war das Wort, und das Wort war bei Gott, und das Wort war Gott. Dieses war im Anfang bei Gott. Alles ist durch das Wort geworden [...] Und das Wort ist Fleisch geworden und hat unter uns gewohnt" (Joh 1,1–2.14a). Auch vor diesem Neuanfang als Mensch scheut Gott nicht zurück, im Gegenteil: Mit großer Liebe lässt er sich auf dieses Abenteuer ein, obwohl oder gerade weil er weiß, was den Gottessohn in der menschlichen Existenz erwarten wird. Christus geht dieses Wagnis ein, er nimmt Unsicherheit und Zweifel, Armut und menschliche Hinfälligkeit auf sich, nur um uns Menschen noch näher sein zu können – unüberbietbar nahe.

Auch Maria ist eine Gestalt des vertrauenden Neuanfangs. Sie öffnet sich für Gottes Willen, obwohl sie nicht abschätzen kann, wohin er sie führen wird, was das im Letzten für Konsequenzen haben wird. Sie bleibt nicht einfach beim Gewohnten, beim Üblichen stehen, sie zieht sich nicht zurück, schottet sich nicht ab. Sie sagt vielmehr Ja zu dem, was Gott ihr zumutet, und sie antwortet darauf mit Mut und glaubender Zuversicht.

Wenn wir heute am Beginn eines neuen Jahres stehen, dann ist auch uns dies gesagt. Wir wissen nicht, was das neue Jahr uns bringen wird. Manches Gute wird dabei sein, so hoffen wir, sicher wohl aber auch so manche Sorge, so manche Mühe, so manche Last. Wir sind da schnell in der Versuchung, uns dagegen zu verschließen; wir wollen weitermachen wie bisher. Doch Gott lädt uns ein, immer wieder einen Neuanfang zu wagen – wie er es auch selbst immer wieder getan hat und noch tut. Wir dürfen dabei auf seine Hilfe und seinen Beistand vertrauen. Sein Segen wird uns begleiten – wie einst Maria und ihr neugeborenes Kind.

PREDIGTVORSCHLAG IV

GESEGNETES NEUES JAHR!

Vor kurzem hörte ich den Moderator einer Radiosendung nach den Verkehrsnachrichten etwas Ungewöhnliches sagen: Er wünschte nämlich allen, die unterwegs waren: „Eine gute und gesegnete Fahrt!“

„Eine gesegnete Fahrt“ – solch einen Wunsch habe ich im Radio bislang noch nicht gehört, zumindest nicht außerhalb des Kirchenfunks oder der Sendungen, die am Morgen oder Abend einen besinnlichen Anstoß zum Nachdenken geben wollen. Kann sein, dass beim Moderator noch die Festtage nachgeklungen sind, zu denen sich ja manche „gesegnete Weihnachten“ oder auch „ein gesegnetes neues Jahr“ wünschen. Mir scheint – nicht zuletzt aufgrund der Bemerkung des Radiosprechers –, dass diese Form der weihnachtlichen Wünsche oder der Neujahrsgrüße inzwischen wieder zunimmt.

Wie auch immer: „Gesegnete Weihnachten“ zu wünschen, ist jedenfalls deutlich besser, so finde ich, als so mancher Wunsch, der in diesen Tagen ebenfalls da und dort zu hören ist, nämlich „schöne Feiertage“ oder auch „ein frohes Fest“. Denn solch allgemeine Wünsche passen ja immer und überall; mit Weihnachten jedoch oder auch mit Neujahr haben sie nicht mehr viel zu tun.

Dass etwas gesegnet sein möge, ist hingegen ein zutiefst religiöser Wunsch. Denn Segnen heißt ja eigentlich, dass Gott seinen Segen, seinen Schutz, sein Geleit geben möge. Bereits ganz am Anfang der Bibel, im ersten Schöpfungsbericht heißt es ausdrücklich über die Tiere des Meeres und die Vögel, dann aber auch über die Landtiere und schließlich die Menschen, dass Gott sie segnete. Darin zeigt sich: Von *Gott* geht aller Segen aus. Wenn er sich seiner Schöpfung zuwendet, dann empfängt sie Leben und Heil.

Ganz ähnlich heißt es dann im Buch Numeri, wenn dort die Anweisung gegeben wird, wie Aaron und seine Nachkommen, also die Priester, das Volk Israel segnen sollen – wir haben es heute in der ersten Lesung gehört: „Der Herr segne dich und behüte dich. Der Herr lasse sein Angesicht über dich leuchten und sei dir gnädig. Der Herr wende sein Angesicht dir zu und schenke dir Frieden“ (Num 6,24–27). Von Gott beachtet zu werden, von ihm angeschaut zu werden, seine Zuwendung erfahren zu dürfen, bei ihm An-Sehen zu haben, das ist entscheidend, so sagen es uns diese Zeilen. So ist ein jeder Segen im Grunde eine Bitte an Gott, ein fürbittendes Gebet für einen anderen Menschen, den wir in besonderer Weise Gottes Schutz und Geleit anvertrauen wollen.

Das lateinische Wort für Segnen lautet deshalb „benedicere". Es ist zusammengesetzt aus „bene" – „gut" – und „dicere" – „sagen" – und meint darum ursprünglich: jemand anderem etwas Gutes zusagen, und dieses Gute ist eben der Beistand und die Hilfe Gottes, um die hier gebetet wird.

Unser deutsches Wort „Segen" hat dagegen einen ausgesprochen christlichen Hintergrund. Es leitet sich ab vom lateinischen „signum", was nichts anderes als Zeichen oder auch Kennzeichen bedeutet. Gemeint war damit das Kreuzzeichen, das seit altchristlicher Zeit als Zeichen zum Segnen verwendet wird. Es begleitet darum den Segen am Ende der Messfeier, aber auch die verschiedenen anderen Segnungen, die wir kennen.

Dabei wäre es freilich ein Fehler zu glauben, dass nur der Bischof, der Priester und der Diakon segnen können. Auch jeder Laie, ein jeder Christ, eine jede Christin kann jemand anderem „etwas Gutes zusagen", ihn also segnen. Am bekanntesten und vielleicht auch am beliebtesten ist es sicherlich, wenn Eltern ihre Kinder segnen, etwa abends beim Zubettgehen oder auch wenn die Kinder das Haus verlassen. Eigentlich ist das jeweils ein kleines Gebet, eine kleine Fürbitte: Gott möge dieses Kind schützen und segnen und begleiten mit seiner Liebe.

Der Wunsch für ein gesegnetes Weihnachtsfest ist darum ebenfalls nichts anderes als eine kleine Bitte an Gott, und auch der gute Wunsch im Radio für eine „gesegnete Fahrt" für die Menschen unterwegs ist gewiss alles andere als verkehrt. Denn darin spricht sich aus, dass unser ganzes Leben in Gottes Händen steht, dass wir angewiesen sind auf sein Geleit, auf seinen Beistand, auf seine Hilfe. Er möge uns in den so unterschiedlichen Situationen unseres Lebens, gerade bei den Herausforderungen und Gefahren, sein Angesicht zuwenden, uns seine Zuwendung schenken und unser Leben in seiner Liebe behüten.

Der aaronitische Segen, den wir heute in der Lesung gehört haben – er passt darum sehr gut zu diesem heutigen Tag, dem Neujahrstag. Nicht allein „ein gutes neues Jahr" können wir uns als Christen heute gegenseitig wünschen, nicht nur viel Erfolg, Gesundheit und Freude. Als Christen beten wir auch und vor allem um ein *gesegnetes* neues Jahr. Gottes Beistand und Geleit, seine Zuwendung und Liebe mögen uns begleiten in der vor uns liegenden Zeit, damit sie wahrhaft gesegnet und segensreich werde.

2. SONNTAG NACH WEIHNACHTEN

DER HERR IST MEIN LICHT UND MEIN HEIL

1. L: Sir 24,1–2.8–12 | 2. L: Eph 1,3–6.15–18 | Ev: Joh 1,1–18 *oder* 1,1–5.9–14

Liturgische Begrüßung

Christus, das Licht der Welt, sei mit euch!

Einführung

Immer noch feiern wir Weihnachten, auch heute am zweiten Sonntag nach dem Weihnachtsfest. Das will uns sagen: Weihnachten ist kein Ereignis, das wir einfach nach Kurzem schon wieder abhaken könnten, um zur Tagesordnung, zum bisherigen Alltag zurückzukehren, so als wäre nichts gewesen. Die weihnachtliche Frohbotschaft hat Bestand, sie soll die Welt verändern. Gott will Licht und Leben bringen für die Menschen. Und das hat Bedeutung über den Festtag hinaus, bis hinein in jeden Augenblick, mag er auch noch so verloren, kalt und heillos erscheinen. Christus ist das in und für diese Welt menschgewordene Wort Gottes, er ist das verheißene Zeichen des Heiles. Ihn rufen wir im Kyrie an.

Kyrie-Rufe

Herr Jesus Christus,
- du Wort Gottes, das Fleisch annahm.
- du Licht, das die Finsternis zerreißt.
- du Heiland und Trost der Welt.

Fürbitten

Lasst uns beten zu Gott, unserem Vater, der seinen Sohn Jesus Christus in unsere Welt gesandt als Licht und Leben der Menschen:
- Für alle, die dein Wort weitergeben in der Verkündigung der Kirche, dass ihre Mühen nicht vergebens sind!
- Für alle, die nach Sinn und Richtung in ihrem Leben suchen, dass sie bei dir Halt finden!

- Für die Kinder und Jugendlichen, dass dein Wort bei ihnen auf guten Boden fällt und reiche Frucht trägt!
- Für die Menschen, die schwer an ihrer Schuld tragen, dass ihnen ein Wort der Vergebung zuteilwird!
- Für unsere kranken Mitmenschen und für alle Notleidenden, dass ihnen ein Wort des Trostes weiterhilft!
- Für unsere Verstorbenen, die an dein Wort geglaubt haben, dass sie bei dir das ewige Heil finden!

Allmächtiger, ewiger Gott, dein menschgewordenes Wort Jesus Christus ist uns Ermutigung zum Leben, Licht in schweren Stunden und der Grund aller Hoffnung. Dir sei Lob und Dank in Ewigkeit. Amen.

PREDIGTVORSCHLAG

SINN, LEBEN UND LICHT

Was, wenn Jesus Christus vor 2000 Jahren nicht geboren worden wäre? – Nun, zunächst einmal würden wir dann bestimmt nicht zum christlichen Gottesdienst zusammenkommen. Auch ist sehr fraglich, ob es Kirchengebäude oder Kathedralen überhaupt geben würde. Weihnachten, das Fest, das wir in dieser Zeit immer noch begehen, würde schlichtweg nicht existieren. Vielleicht würde eine andere Religion in die Bresche springen. Vielleicht hätte das Judentum mehr Anhänger, vielleicht auch der Islam oder aber fernöstliche Religionen, vielleicht gäbe es aber auch eine starke heidnische Bewegung, eine Ablehnung jeglichen Gottesglaubens, einen sich durchsetzenden Mehrheitsatheismus. Auch wenn Geschäftsleute beim Gedanken an den Ausfall des Weihnachtsfestes erschaudern mögen – sie wären mit Sicherheit findig genug, schnell andere Anlässe als Ersatz für die verlorenen Umsätze zu kreieren, wie etwa heute schon mit Halloween, dem Valentinstag oder auch dem Muttertag.

Manche Kritiker des Christentums hingegen werden sagen: Wenn Jesus vor gut 2000 Jahren nicht geboren worden wäre, dann würde der Welt nicht viel fehlen, im Gegenteil: Der Menschheit wären einige überaus unheilvolle Ereignisse wie etwa die Kreuzzüge, Religionskriege und anderes mehr erspart geblieben. – Doch ist es wirklich so einfach? Wäre die Welt tatsächlich ein bessere geworden ohne das Christentum? Würde nicht etwas sehr Wesentliches fehlen, ja etwas zutiefst Entscheidendes – ohne Jesu Geburt, Leben und Sterben hier auf Erden?

Ein recht unverdächtiges Zeugnis hierzu stammt vom Schriftsteller und Literaturnobelpreisträger Heinrich Böll. Es ist sehr bekannt, wenngleich es kaum in der ganzen Länge zitiert wird, in der es erst seine beeindruckende Kraft entwickelt. Böll schrieb vor vielen Jahren: „Selbst die allerschlechteste christliche Welt würde ich der besten heidnischen vorziehen, weil es in einer christlichen Welt Raum gibt für die, denen keine heidnische Welt je Raum gab: für Krüppel und Kranke, Alte und Schwache, und mehr noch als Raum gab es für sie: Liebe für die, die der heidnischen wie der gottlosen Welt nutzlos erschienen und erscheinen. Ich glaube an Christus, ich glaube, dass 800 Millionen Christen auf dieser Erde das Antlitz dieser Erde verändern können, und ich empfehle es der Nachdenklichkeit und der Vorstellungskraft der Zeitgenossen, sich eine Welt vorzustellen, auf der es Christus nicht gegeben hätte."[10]

Tatsächlich müsste uns Christen ein Schauder ergreifen bei dem Gedanken, dass Jesus Christus nie in diese Welt gekommen wäre, dass seine Botschaft von Gottes Liebe und Barmherzigkeit nie die Menschen erreicht hätte. Gewiss, auch in unserer Welt werden noch immer schwache, kranke und arme Menschen viel zu oft und viel zu sehr an den Rand gedrängt, ausgegrenzt, unterdrückt. Wo aber wäre ihr Platz, wenn es auch die Christen nicht gäbe, die für sie Partei ergreifen? Wer würde für sie eintreten, wie es Christus einst getan hat?

Diese Botschaft steht auch im Hintergrund des heutigen Evangeliums. Es ist der Prolog, den Johannes an den Beginn seines Buches stellt. Johannes führt uns in das Leben und die Existenz Jesu nicht mit einer reich ausgeschmückten und anschaulichen Kindheitsgeschichte ein, wie wir sie im Lukasevangelium lesen. Er spricht vielmehr sehr abstrakt von dem, was Christi Kommen in diese Welt kennzeichnet, was der Kern seiner Menschwerdung ist, worauf es ankommt.

Drei Begriffe sind es, die hier besondere Bedeutung gewinnen, weil sie für Jesus Christus selbst stehen. So erscheint Christus zunächst als das „Wort"; aber damit ist weit mehr gemeint als

10 Heinrich Böll, Eine Welt ohne Christus, in: Karlheinz Deschner (Hg.), Was halten Sie vom Christentum?, Verlag List, München 1957, S. 22 f.

eine bloße Zusammenstellung von Buchstaben. Im Griechischen steht hier „logos“, und das bedeutet auch: Sinn, Vernunft. Wir dürfen hier auch mithören, was im Alten Testament mit „Weisheit“ gemeint ist. Weisheit ist mehr als bloßes Wissen, als Intelligenz, als Technik und Wissenschaft. Weisheit schöpft aus Erfahrung. Sie versteht es, dem Leben Orientierung und Richtung zu geben, einen Sinn zu verleihen. Gottes Wort, so können wir also sagen, stiftet Sinn; es gibt dem Leben, auch dem Leben des Menschen Halt und Wegweisung.

Der zweite Begriff, der hier bei Johannes für Christus ins Spiel gebracht wird, ist darum „Leben“. Weil Christus Sinn in das Dasein des Menschen bringt, kommt der Mensch zum Leben und gewinnt sein wahres Leben. Gott will das Leben des Menschen, nicht seinen Untergang, und so muss auch der Glaube an diesen Gott dem Leben dienen.

Dadurch kann dann geschehen, was als Drittes genannt wird, nämlich dass Christus, das Leben selbst, zum Licht der Menschen wird, zum Licht in der Finsternis. Wer an diesen menschgewordenen Gottessohn glaubt, lebt nicht mehr in der Dunkelheit von Angst und Sorge, von Tod und Untergang, sondern er weiß sich dem Licht des Lebens und der Hoffnung nahe.

Vor einiger Zeit las ich einen Bericht über ein Waisenhaus in Betlehem, La Crèche mit Namen, seit 1886 von Vinzentinerinnen geführt, die einzige solche Einrichtung im Westjordanland. Es ist tatsächlich erschütternd zu erfahren, wie viel Leid noch heute Frauen und mit ihnen deren Kindern in der palästinensischen Gesellschaft zuweilen zugefügt wird, nicht zuletzt aufgrund des dort vorherrschenden Geschlechterverständnisses. Viele ausgesetzte Kinder, manche nur wenige Stunden oder Tage alt, finden in dem Waisenhaus glücklicherweise Aufnahme und Hilfe, so etwa auch der kleine Faris, der in einem zerschlissenen Pappkarton, versteckt unter ein paar schmutzigen Tüchern, neben einer Mülltonne in einem arabischen Vorort von Jerusalem entdeckt worden war. In die Krippe gelegt, schmückte im Jahr 2009 sein Bild die Weihnachtskarte von La Crèche und erinnerte damit daran, dass viele dieses Waisenhaus als die „wahre Krippe von Betlehem“ bezeichnen.

Das Bild erinnert daran, dass Christus, Gottes Wort, in diese Welt gekommen ist, um den Menschen Sinn und Halt und Weisung zu geben, Leben und Licht.

ERSCHEINUNG DES HERRN – TAUFE DES HERRN

HOCHFEST ERSCHEINUNG DES HERRN

VOM SUCHEN UND FINDEN

1. L: Jes 60,1–6 | 2. L: Eph 3,2–3a.5–6 | Ev: Mt 2,1–12

Liturgische Begrüßung

Die Gnade und Herrlichkeit Gottes, des Vaters, die in Jesus Christus unter uns erschienen ist, sei mit euch!

Einführung I „Das steht in den Sternen" – so sagen wir manchmal, wenn wir auf eine ungewisse Zukunft hinweisen wollen. Heute, am Hochfest der Erscheinung des Herrn, schauen wir jedoch mit den Weisen aus dem Osten auf einen Stern und blicken dabei auf eine lichtvolle Zukunft. Noch unscheinbar ist sie, klein und verletzlich. Aber der Anfang ist gemacht: Gottes Menschenfreundlichkeit ist unter uns erschienen. Wir brauchen keine Angst mehr vor der Zukunft zu haben, weil das Kind von Betlehem alles Dunkel erhellt.

Oder

Einführung II *(in einem Gottesdienst mit den Sternsingern)*

In den letzten Tagen waren sie in unserer Pfarrei wieder unterwegs: Die Sternsinger haben an das erinnert, was wir heute feiern: Sterndeuter aus dem Osten kommen nach Betlehem, um dem neugeborenen Königskind, dem Gottessohn, zu huldigen. Die Freude, die sie dort in Betlehem erfahren durften, haben die Sterndeuter sicher nicht nur für sich behalten, sondern auch anderen davon erzählt. In unserer Zeit erinnern die Sternsinger an die Sterndeuter von damals, und auch sie erzählen uns von der Geburt des göttlichen Kindes und bringen uns so die weihnachtliche Botschaft nahe.

Kyrie-Rufe

Herr Jesus Christus,
- du Licht in der Finsternis unserer Zeit.
- du Ziel all unseres Suchens und Sehnens.
- du Stern, der aufgegangen ist über unserer Welt.

Fürbitten

Lasst uns beten zu Gott, unserem Vater, der durch seinen Sohn Jesus Christus Licht in das Dunkel unserer Zeit und Welt gebracht hat:
- Für alle Getauften, dass wir wie einst die Weisen aus dem Osten bereit sind, dich zu suchen und in deinem Sohn anzubeten.
- Für die Christen in der Dritten Welt, besonders in Afrika, dass ihr Beispiel eines lebendigen Glaubens viele ermutigt und sie in ihren Sorgen und Nöten echte Hilfe erfahren.
- Für die Regierenden der Völker, dass sie weise und gerecht entscheiden und stets die Würde der Menschen achten.
- Für die Sternsinger, die in diesen Tagen in unseren Gemeinden unterwegs waren und die Botschaft von Weihnachten verkündet haben, dass ihr Einsatz belohnt und zum Segen für viele notleidende Kinder auf dieser Erde werde.
- Für alle, die im Dunkel von Krankheit und Armut leben, um dein Licht der Hoffnung und um Menschen, die ihnen beistehen.
- Für unsere Verstorbenen, dass sie nach der Zeit der irdischen Pilgerschaft und Suche deine Herrlichkeit schauen dürfen.

Gütiger Gott, wir danken dir für die Geburt deines Sohnes. Er ist die Erfüllung deiner Verheißungen, das Ziel unseres Sehnens, die Freude aller, die dich suchen, heute und in Ewigkeit. Amen.

PREDIGTVORSCHLAG I

MENSCHEN AUF DER SUCHE

Schon am Eingang des Kölner Domes kann man ihn sehen: einen glänzenden Gegenstand am anderen Ende der Kirche, vorne im Chor, mit Panzerglas umhüllt, von Licht angestrahlt. Er sieht aus wie eine kleine Kirche, in der Mitte das höhere Schiff, je ein niedrigeres rechts und links. Wenn man aber näher herantritt, kann man erkennen, was genau es ist: Zwei Sarkophage sind es unten, und auf ihren Spitzen steht ein dritter. Es ist der Schrein der Heiligen Drei Könige. Ganz in Gold gehalten ist er, verziert mit unzähligen Edelsteinen und kostbaren Figuren. Darin befinden sich die sterblichen Überreste der Weisen aus dem Morgenland, so sagt man. Im Jahre 1164 gelangten ihre Reliquien von Mailand nach Köln.

Ob das, was in den Sarkophagen ist, tatsächlich die Überreste der Heiligen Drei Könige sind – wir können es nicht mit Bestimmtheit sagen. Überhaupt wissen wir sehr wenig über diese Gestalten aus dem heutigen Evangelium. Nicht einmal, dass es drei waren, ist sicher. Man hat das nur daraus geschlossen, weil sie drei Gaben als Geschenke darbrachten. Und auch, ob es wirklich Könige waren, muss offenbleiben. In der Bibel selbst ist nur von „magoi" die Rede: „Magier" kann man das übersetzen; aber es waren wohl eher Gelehrte, Sterndeuter, weise Männer. Nur eines wissen wir mit Gewissheit; denn davon erzählt unser heutiges Evangelium: Es waren Menschen, die auf der Suche waren.

Sterndeuter mussten gebildet sein. Sie mussten sich auskennen, nicht nur mit der Himmelsphysik. Den Himmel aber haben sie beobachtet, unermüdlich. Warum nur? Weil sie bei all ihrem Nachforschen und Nachdenken wohl immer wieder auf dieselben Fragen gestoßen sind, weil sie gemerkt haben, dass es Dinge zwischen Himmel und Erde gibt, die nicht zu beweisen oder zu widerlegen sind, Dinge, die uns immer wieder beschäftigen und bei denen wir doch keine Antwort finden. Diese Magier – sie waren suchende Menschen, Menschen, die sich sehnten nach dem Sinn und der Erfüllung ihres Lebens.

Eine ungewöhnliche Himmelserscheinung macht ihnen da neue Hoffnung. „Ein neuer Stern" sei das gewesen, heißt es im Matthäus-Evangelium, der Stern des verheißenen Messias. Es ist müßig, darüber zu spekulieren, was genau das gewesen sein könnte. Theorien dazu gibt es viele – bis hin zu jener Erscheinung, die immer wieder einmal am Himmel zu beobachten ist: das Sich-Annähern der Planeten Jupiter und Saturn, die dann von der Erde aus wie ein einziger Stern aussehen und darum am Firmament auch besonders hell erstrahlen.

Jedenfalls wissen die Sterndeuter: In Judäa müssen sie suchen. Und natürlich gehen sie zunächst dorthin, wo der Herrscher des Landes ist, wenn es doch ein Königskind sein soll, das geboren wurde. In Jerusalem aber weiß man nichts davon, oder vielmehr: Eigentlich wüssten es die Gelehrten dort recht genau, wann und wo dieses Kind geboren wird. Sie geben sogar den entscheidenden Tipp: Geht nach Betlehem! Doch sie selbst gehen nicht mit. Sie bleiben, wo sie sind, weil sie nicht auf der Suche sind, oder besser: weil sie nicht *mehr* auf der Suche sind, weil sie ihre Sehnsüchte schon lange begraben und sich damit abgefunden haben.

König Herodes will schon gar nicht mit diesem Kind etwas zu tun haben. Er erschrickt, als die Sterndeuter ihm davon erzählen. Ein Königskind in seinem Land, aber eben nicht von ihm, nicht in seiner Familie? Der Messias soll das sein, der Retter, auf den sein Volk hofft, der, der die Menschen von Gewalt und Unterdrückung, also von ihm, Herodes, befreien soll? Nein, so einen kann Herodes nicht gebrauchen. Er duldet keinen Rivalen neben sich. Mit Hintergedanken entlässt er die Sterndeuter. „Wenn ihr das Kind gefunden habt, berichtet mir", – und wir könnten hinzufügen, weil wir die Grausamkeit des Herodes aus der Geschichte kennen: nicht, damit er ihm huldigen kann, sondern vielmehr, um dieses Kind zu beseitigen.

Unsere Sterndeuter sind Menschen auf der Suche, auf der Suche nach dem Sinn ihres Lebens. Soviel wissen wir über sie. Und wir erfahren aus der Bibel: Sie kommen an ihr Ziel. Dort in Betlehem finden sie das, weswegen sie sich auf den Weg gemacht hatten. Dem neugeborenen Kind bringen sie ihre Gaben dar: Gold, Weihrauch und Myrrhe. Vor diesem Kind, dem Messias, dem Retter, fallen sie auf die Knie und huldigen ihm – sie, die gelehrten und weisen Männer, die so vieles schon erkundet und erforscht haben und nun endlich das finden, was sie so sehr ersehnt hatten.

Menschen auf der Suche – damals wie heute gibt es sie. Immer wieder begegne ich Menschen, die suchen und fragen nach dem

Sinn und dem Ziel ihres Lebens. Manche gelangen hin zum Stall in Betlehem, sie finden den Weg dorthin, sie vertrauen dem Stern, der ihnen vorangeht und sehen endlich die Antwort auf das, was sie umtreibt in ihrem Leben. Andere tun sich schwer mit dieser Suche. Auch sie werden von den Fragen und Fragwürdigkeiten dieses Lebens herumgeworfen, sie ringen um einen Weg für sich – doch den Weg nach Betlehem finden sie nicht. Für sie ist es keineswegs klar, dass der Weg nach Betlehem führt, dass sie diesem Stern trauen dürfen, der ihnen vorangeht. Mag sein, dass sie etwas aus der Bahn geworfen hat, ein Ereignis, das ihnen den Weg zum Glauben versperrt, sodass sie nicht mehr an Gott glauben können, nicht mehr an *diesen* Gott zumindest, der ihnen vielleicht das Liebste genommen hat. Mag auch sein, dass andere ihnen den Weg versperren, dass sie nur mehr sehen und hören, wie Glaube und Kirche in unserer Gesellschaft madig gemacht werden, dass sie täglich mitbekommen, wie out und uncool es doch ist, über Gott und die Welt zu reden und schon gar nicht über die eigenen Fragen und Zweifel im Leben. Mag auch sein, dass sie an den Fehlern und Schattenseiten der Kirche Anstoß nehmen und so abgehalten werden auf ihrer Suche nach Gott.

Trotzdem, oder vielleicht gerade deshalb: Viele Menschen suchen auch heute noch nach dem Sinn und dem Ziel ihres Lebens. Die Sterndeuter aus dem Osten waren unter den Ersten, die den Weg nach Betlehem zum Kind in der Krippe fanden. Es ist ein Geschenk, dorthin zu gelangen. Machen auch wir uns auf die Suche, gehen wir mit ihnen nach Betlehem – dorthin, wo auch uns die Antwort und die Erfüllung der Sehnsucht und der Suche unseres Lebens erwarten.

PREDIGTVORSCHLAG II

VERKEHRTE WELT

Es ist eine verkehrte Welt, von der die Bibel erzählt, immer wieder, so auch im Evangelium des heutigen Festtages. Das, womit man für gewöhnlich rechnen würde, tritt gerade nicht ein, sondern vielmehr etwas völlig Unerwartetes.

Da machen sich Sterndeuter auf den Weg nach Jerusalem, weil sie dem neugeborenen König der Juden huldigen wollen. Aus dem

Osten stammen sie, so heißt es im Evangelium. Damit aber handelt es sich bei ihnen ziemlich sicher nicht um jüdische Gläubige, sondern vielmehr um Heiden. Dafür spricht auch, dass sie offenbar die heiligen Schriften des Judentums nicht kennen, weil sie erst in Jerusalem nachfragen müssen, wo denn dieser Messias-König zu finden sei.

Dort aber, am Königshof, erschrecken Herodes und die Schriftgelehrten über die Nachricht von dieser Geburt. Sie müssen sogar erst nachschlagen, an welchem Ort denn die Bibel die Niederkunft des Messias voraussagt. Sie selbst aber machen sich dann nicht auf den Weg, um dem neugeborenen Königskind zu huldigen, sondern bleiben lieber untätig in Jerusalem zurück.

Die Weisen aus dem Morgenland hingegen finden das göttliche Kind, fallen ihm zu Füßen und huldigen ihm. Nicht im Palast haben sie es angetroffen, nicht in Reichtum und Glanz, sondern in einem einfachen Haus. Und dennoch kommen ihnen keine Zweifel, dass das der Messias, der neugeborene König Israels sein soll.

Gold, Weihrauch und Myrrhe bringen sie ihm als Geschenke dar. Doch eigentlich sind sie es dann, die beschenkt worden sind: Von großer Freude, die die Sterndeuter am Ziel ihrer Reise erfahren haben, berichtet das Evangelium. Ihre Sehnsucht, ihre Hoffnung ist erfüllt worden, das göttliche Kind mit eigenen Augen sehen zu können.

Eine verkehrte Welt: Da sitzt König Herodes in Jerusalem und weiß nichts von einem neugeborenen Königssohn. Der aber kommt gerade nicht im Palast zur Welt, sondern ganz schlicht in einer einfachen Hütte. Die Schriftgelehrten in Jerusalem kennen zwar den Ort der Geburt des göttlichen Kindes, machen sich selbst aber nicht auf den Weg, um ihm zu huldigen, während die heidnischen Sterndeuter genau das nun tun. Das Einzige, was Herodes einfällt, ist, seine Macht auszuspielen und in grausamer Weise alle männlichen Säuglinge in Betlehem umbringen zu lassen, um nur ja keinen Konkurrenten um seinen Thron fürchten zu müssen. Die Eltern Jesu aber fliehen mit ihrem Kind nach Ägypten, weil sie wissen, dass sie völlig machtlos und wehrlos sind gegenüber dem brutalen Treiben des Tyrannen.

Und genau diese Gegensätzlichkeit wird auch das weitere Leben dieses Jesus von Nazaret bestimmen, wie die Evangelien berichten. Er ist kein König mit Macht und Einfluss. Im Gegenteil:

Gerade die einfachen Leute zieht er in seinen Bann. Mit ihnen, den armen, den geschundenen, den kranken und ausgestoßenen Menschen – da macht sich dieser so andere Königssohn gleich. Die Erwartungen, die so mancher aus dem Establishment an ihn stellt – er erfüllt sie in keiner Weise. Und am Ende wird auch er selbst ein Ausgestoßener sein, nicht anders als die, die er um sich geschart hat. Am Kreuz stirbt er, und auch hier ist es nicht Huldigung, sondern vielmehr abgrundtiefer Spott, den er erfährt, wenn da über ihm steht: Jesus aus Nazaret, der „König der Juden".

Schon damals, bei der Huldigung durch die Weisen aus dem Morgenland, deutet sich an, was sich später zeigen wird: Dieser Jesus, der Christus, der Messias, wird so anders sein, als alle denken und meinen. Paulus bringt es einmal in folgender Weise ins Wort: „Das Törichte in der Welt hat Gott erwählt, um die Weisen zuschanden zu machen, und das Schwache in der Welt hat Gott erwählt, um das Starke zuschanden zu machen. Und das Niedrige in der Welt und das Verachtete hat Gott erwählt: das, was nichts ist, um das, was etwas ist, zu vernichten, damit kein Mensch sich rühmen kann vor Gott. Von ihm her seid ihr in Christus Jesus, den Gott für uns zur Weisheit gemacht hat, zur Gerechtigkeit, Heiligung und Erlösung" (1 Kor 1,27–30).

Die Schriftgelehrten und König Herodes in Jerusalem – sie machen sich nicht auf den Weg, um sich überraschen zu lassen und das Neue sehen zu können, das ihnen der Stern und die Weisen angekündigt haben. Unbeweglich, starr und stur verbleiben sie in ihren gewohnten Gleisen und wollen sich dabei nicht stören lassen, noch nicht einmal durch die Geburt des göttlichen Kindes. In ihrer Stärke und Selbstgewissheit meinen sie, auf nichts und niemand angewiesen zu sein, sich nicht aufmachen zu müssen für Gottes Ankunft in der Welt. Die heidnischen Sterndeuter aber und später die einfachen Leute – sie sind offen für das, was Gott ihnen zeigen will, und sie dürfen tatsächlich erfahren, wie er ihre Sehnsucht erfüllt. Sie sind offen für das Ungewohnte, für das Unberechenbare und Unerwartete, das bei Gott möglich ist.

Das Fest der Erscheinung des Herrn, das Fest der Heiligen Drei Könige mahnt auch uns deshalb, nicht einfach in den gewohnten Bahnen und Denkweisen zu bleiben. Auch wir müssen offen sein für das, was Gott von uns möchte, offen dafür, wenn er zu uns sprechen will und uns seine unbekannten Wege zeigt, offen für seine Überraschungen und Zumutungen. Weihnachten stellt die

Welt auf den Kopf: Nicht mehr der Starke und Mächtige gibt den Ton an, sondern ein kleines Kind, der göttliche Sohn, wird zum Mittelpunkt der Sehnsüchte und Hoffnungen. Denn er rückt gerade die in die Mitte, die sonst nur am Rande stehen.

PREDIGTVORSCHLAG III

MIT DEN WEISEN AUF DEM WEG NACH BETLEHEM

In den Tagen um Weihnachten war in einer Zeitung die Anzeige einer bekannten und traditionsreichen Regensburger Brauerei abgedruckt. Darauf abgebildet sieht man die Heiligen Drei Könige auf ihren Kamelen, die in einer Karawane, geleitet von einem hellen Stern, ihrem Ziel entgegenreiten – dem Stall von Betlehem. Aber dahinter war noch ein weiteres Gespann zu sehen: ein Geißbock, der einen Karren zieht – mit einem Bierfass darauf. Darüber sind die Worte geschrieben: „Er war der Vierte, der dem Stern folgte …“ Dazu war noch in kleineren Buchstaben gesetzt: „Gold, Weihrauch, Myrrhe … und original Edel-Pils“.

Ein wenig war ich dann doch überrascht und irritiert von dieser Werbung. So sehr manch einer auch ein gutes Bier zu schätzen weiß – es einfach so mit den Gaben der Heiligen Drei Könige gleichzusetzen, wirkt doch etwas schräg, wenn nicht gar frevelhaft – zumal dann die Myrrhe auch noch falsch geschrieben war. Das Gold wird ja schon bei den Kirchenvätern in der Antike als ein Hinweis auf die Königswürde Jesu verstanden; der Weihrauch steht für die Gottheit des neugeborenen Kindes, und die Myrrhe schließlich weist hin auf den Tod Jesu am Kreuz. Auch wenn Bier schon tausende Jahre vor der Geburt Christi gebraut wurde, noch dazu im Osten, in Mesopotamien, wie man heute weiß, so dürfte es vermutlich kaum unter den Gaben der Weisen aus dem Morgenland gewesen sein.

Zwar kennt auch die Bibel schon das Bier. Sechzehnmal ist darin von diesem Getränk die Rede, viel häufiger jedoch vom Wein, nämlich über 1500-Mal. Im Buch Deuteronomium wird Bier zusammen mit dem Wein unter die wertvollen Güter eingeordnet, die man sich mit Silber kaufen kann (Dtn 14,26). An vielen anderen Stellen jedoch wird eher vor der berauschenden Wirkung beider Getränke gewarnt. Ob deshalb ein Fass Bier ein geeignetes Geschenk für ein neugeborenes Kind sein kann? Allenfalls Josef hätte wohl ein wenig Freude an dieser Gabe haben können, oder aber die Eltern hätten das kostbare Fass gleich wieder versilbert.

Eine flotte Werbeidee, die Aufmerksamkeit erregt, selbst wenn sie dafür die Weihnachtsgeschichte aufs Korn nimmt – hat es sich damit schon, und man kann diese Werbeanzeige entweder ein wenig belustigt oder aber verärgert wieder beiseitelegen?

Mich aber hat dieses Werbemotiv doch ein wenig ins Nachdenken gebracht. Denn eigentlich hat die Anzeige ja Recht: Der Braumeister auf seinem Karren als vierter König macht es genau richtig, ganz anders als König Herodes und die Hohenpriester und Schriftgelehrten in Jerusalem. Sie machen sich gerade eben nicht auf den Weg, obwohl sie doch den Ort der Geburt und die Bedeutung dieses neugeborenen Königskindes kennen. Sie schließen sich nicht den Sterndeutern aus dem Osten an, die einen langen Weg zurückgelegt haben, um dem göttlichen Kind zu huldigen und es mit ihren Gaben zu beschenken. Sie folgen nicht ihrem Herzen und ihrer Sehnsucht und machen sich nicht auf, Gott in der Gestalt des Kindes zu finden.

Darum müssten auch wir eigentlich mit den Sterndeutern mitgehen. Auch wir sollten gleichsam als vierter König mit ihnen ziehen, um damit das Glück erfahren zu können, das den Weisen aus dem Morgenland zuteilgeworden ist, die Erfüllung ihrer Hoffnungen und Wünsche.

Und auch was die Geschenke angeht, hat diese Werbeanzeige nicht so Unrecht, wie man zunächst meinen könnte. Die Sterndeuter aus dem Osten bringen ja das mit, was ihnen kostbar und wichtig ist, Gaben, die auch für sie selber stehen könnten. Es sind Geschenke, die sie sich sicherlich erarbeitet haben mit viel Mühe und Fleiß. So dürfen auch wir dem neugeborenen Gottessohn mitbringen, was wir bewerkstelligt haben, was wir erreicht und geschaffen haben, und wir können es ihm als Gabe darbringen – und mit diesen Gaben auch uns selber. Ja, wir dürfen sogar alles bringen, was noch unvollständig, was fehlerhaft und zutiefst menschlich ist – bis hin zu unseren Sorgen, unserem Versagen, unseren unerfüllten Wünschen und Hoffnungen.

Denn eigentlich sind es ja nicht so sehr die Sterndeuter, die hier dem göttlichen Kind Geschenke überbringen. Sie selber kehren vielmehr als Beschenkte von Betlehem wieder zurück in ihre

Heimat. Denn sie haben erfahren dürfen, dass Gott die Welt nicht alleine lässt, dass er dieser Welt seinen Sohn geschenkt hat und dass damit all ihre Träume und Sehnsüchte bei ihm an ihr Ziel gekommen sind. Was immer wir darum auch mitbringen zum göttlichen Kind von Betlehem: Wir könnten ihm gar nicht so viel schenken, wie uns in ihm geschenkt worden ist.

Um das zu erfahren, müssen wir aber zuerst einmal selbst überhaupt aufbrechen hin zu diesem neugeborenen Gottessohn – gleichsam als vierter König. Und diese Einladung anzunehmen und uns auf den Weg zu machen – daran sollten wir uns immer wieder einmal erinnern lassen.

PREDIGTVORSCHLAG IV

DIE BOTSCHAFT DER TIERE AN DER KRIPPE

Tiere an der Krippe haben eine lange Tradition. Dabei werden sie in den biblischen Berichten eigentlich gar nicht erwähnt. Das Lukasevangelium etwa berichtet nur davon, dass Maria und Josef in Betlehem keine Unterkunft finden. Deshalb legen sie ihr neugeborenes Kind in eine Krippe – gemeint ist eine Futterkrippe für Tiere.

Damit haben wir immerhin einen ersten Hinweis, dass Tiere beim weihnachtlichen Geschehen dabei gewesen sein könnten. Ochs und Esel gehören darum zu vielen Krippendarstellungen. Wie aber kommt man gerade auf sie? Bei Jesaja, der mit seinen Worten ohnehin vielfach als Prophet des kommenden Messias betrachtet wurde, findet sich einmal das Wort: „Der Ochse kennt seinen Besitzer und der Esel die Krippe seines Herrn“ (Jes 1,3). Wenngleich also im Weihnachtsevangelium von diesen Tieren nicht die Rede ist, so ist doch ihre Darstellung in der Krippe ein Verweis auf die Bibel: Selbst die Tiere erkennen ihren Herrn, und sie finden hin zum neugeborenen König der Völker. So werden Ochs und Esel in der geistlichen Tradition dann auch als Vertreter des Judentums und des Heidentums angesehen – und damit als Vertreter aller Menschen damals, an die sich die Botschaft von der Menschwerdung Gottes richtet.

Bei Lukas wird zudem von den Hirten berichtet, denen der Engel die weihnachtliche Botschaft verkündet hat. Zwar ist auch bei ihnen nur davon die Rede, dass sie „Nachtwache bei ihrer

Herde" hielten (Lk 2,8). Doch in den Krippendarstellungen werden die Hirten dann gerne in Begleitung von einigen ihrer Schafe und Lämmer gezeigt. Auch da sind es letztlich biblische Bezüge, die hinter dieser Ausschmückung stehen: Jesus selbst bezeichnet sich später ja als der gute Hirte, der für seine Schafe sorgt und sogar sein Leben für sie hingeben wird. Zeichen für diese Hingabe Jesu ist das Lamm, das in damaliger Zeit ein beliebtes Opfertier war. Wenn schließlich ebenso Hunde die Hirten begleiten, wie sie für die Hirtentätigkeit benötigt werden, dann hat auch das einen tieferen Sinn: Hunde sind ja Symbole für Wachsamkeit, zu der wir gerade in der Zeit des Advents aufgerufen werden: wachsam zu sein für das unerwartete Kommen des Herrn.

Fehlen schließlich nur noch die Tiere, die mit dem heutigen Festtag in Verbindung stehen: Auch für die Kamele an der Krippe gibt es genau genommen keinen Beleg im Evangelium. Matthäus erzählt nur von „Sterndeutern aus dem Osten", die nach Jerusalem gekommen sind auf der Suche nach dem neugeborenen König der Juden. Der weite Weg, den sie gegangen sind, um dem Kind zu huldigen und es anzubeten, legt es aber nahe, dass sie Reittiere, zumindest aber Lasttiere benutzt haben.

Wieder sind es auch hier Hinweise aus dem Alten Testament, die zur Darstellung von Kamelen an der Krippe geführt haben. Denn in der Lesung aus dem Jesaja-Buch heute haben wir die Ankündigung gehört, gerichtet an die Stadt Jerusalem: „Nationen wandern zu deinem Licht und Könige zu deinem strahlenden Glanz [...] Eine Menge von Kamelen bedeckt dich, Hengste aus Midian und Efa. Aus Saba kommen sie alle, Gold und Weihrauch bringen sie und verkünden die Ruhmestaten des Herrn" (Jes 60,3.6).

Kamele gelten als sehr ausdauernde und robuste Tiere – kein Wunder also, dass gerade sie in den künstlerischen Darstellungen als Reittiere für die Sterndeuter aus dem Osten, inzwischen gleichgesetzt mit den Königen bei Jesaja, ausgewählt wurden. Mit ihrer Ausdauer und ihrem Durchhaltevermögen stehen die Kamele sinnbildlich für den unbeirrbaren Willen der Sterndeuter, das neugeborene Königskind zu suchen und ihm zu huldigen. Denn all das Sehnen, Fragen und Forschen braucht einen langen Atem, braucht große Geduld und Beharrlichkeit.

Auch wenn die Tiere an der Krippe also keine direkten biblischen Belege für sich vorbringen können – sie wollen uns dennoch eine wichtige Botschaft vermitteln, eine Botschaft, die nichts anderes ist als die weihnachtliche Frohbotschaft selber: Ochs und Esel zeigen uns, dass alle Welt eingeladen ist, dem neugeborenen Gottessohn in der Krippe zu begegnen und ihn als seinen Herrn zu erkennen. Die Schafe an der Krippe verweisen auf den guten Hirten, der für uns Menschen da sein will, ja der sogar sein Leben für uns hingibt. Und die Kamele fordern uns auf, beharrlich und ausdauernd zu sein, den Mut zu haben, aufzubrechen und den zu suchen, der allein die Erfüllung unseres Sehnens und Hoffens sein kann.

PREDIGTVORSCHLAG V

MENSCHEN MIT EINER VISION

Vom 2015 verstorbenen Altbundeskanzler Helmut Schmidt stammt offenbar der Ausspruch: „Wer Visionen hat, soll zum Arzt gehen." Später hat Schmidt einmal erklärt, in welchem Zusammenhang dieses inzwischen fast schon geflügelte Wort entstanden ist. Er sei da einmal vor 40, 45 Jahren in einem Interview gefragt worden: „Wo ist Ihre große Vision?" Und Schmidt antwortete, weil ihm die Frage nicht recht passte: „Wer eine Vision hat, der soll zum Arzt gehen." Später hat er dann selbst eingeräumt: „Es war eine pampige Antwort auf eine dusselige Frage."

Diese Schnodderigkeit und der Ärger über die aus seiner Sicht ungeschickte Interviewführung können allerdings nicht darüber hinwegtäuschen, dass der Politiker und Staatsmann Schmidt selber durchaus über so manche Vision verfügte, über Ziele, die er im Leben erstrebte, von denen er auch träumte und die er mit aller Macht und allem Einsatz verfolgte. Wie auch sonst hätte etwa die Aussöhnung mit Frankreich oder das europäische Einigungswerk weiter vorangetrieben werden können? Doch nur mit einer großen Vision, mit einem Traum von Völkerverständigung und Frieden war dies möglich – trotz aller Realpolitik, die einen schnell wieder auf den Boden der Tatsachen zurückholt. Aber wir Menschen brauchen offenbar solche Visionen, solche Ziele in unserem Leben. Und gerade die Menschen, die visionär denken können, bringen oftmals auch erst eine Sache, ein Anliegen, ein Ziel voran.

Die Sterndeuter aus dem Osten, die am heutigen Feiertag in den Mittelpunkt des weihnachtlichen Festkreises rücken, waren offenbar genau solche Menschen mit Visionen, Menschen, die von etwas träumten, die etwas Wesentliches ersehnten und erhofften, etwas, von dem sie im Vorhinein gar nicht genau sagen konnten, was das ist, wie es denn sein wird. Aber sie machen sich auf; sie ziehen weg von ihrer Heimat. Sie lassen vieles zurück, nur um diesem Traum, um dieser Vision nachzugehen, geleitet von einem Stern, dessen Erscheinen ihnen überhaupt erst den Anlass für ihre Sehnsucht lieferte.

Den neugeborenen König der Juden, so erfahren wir es aus den wenigen Zeilen des Evangeliums, wollen sie suchen und diesem Kind huldigen. Die Sterndeuter – sie sind nach dem Matthäusevangelium die einzigen und die ersten überhaupt, die sich aufmachen, um dem menschgewordenen Sohn Gottes zu begegnen. Heiden sind sie offenbar, weil sie aus dem Osten jenseits von Judäa kommen, Ungläubige also und Fremde in diesem Land. Aber genau sie sind es, die diese Vision, diesem Traum vom göttlichen Kind nachgehen, die wirklich ernst nehmen, was ihnen mit dem Stern gezeigt worden ist.

Die Schriftgelehrten und Hohenpriester in Jerusalem hingegen lassen sich davon nicht ansprechen, obwohl sie doch am nächsten dran wären, obwohl sie doch eigentlich die Antwort kennen auf das Sehnen und Hoffen der Menschen. Sie geben zwar den Sterndeutern den entscheidenden Hinweis. Selber aber gehen sie nicht mit nach Betlehem, selber lassen sie sich nicht von dem berühren, was ihr Verstand ihnen da eigentlich gesagt hat. Der Philosoph Sören Kierkegaard hat es einmal so formuliert: Sie „saßen und studierten in der Schrift wie die Professoren – aber es bewegte sie nicht".

Weihnachten will anrühren, es will die Menschen bewegen. Das Kind in der Krippe will uns eine Vision geben, ein Ziel für unser Leben, einen Traum, der Wirklichkeit werden soll. Eine bekannte Lebensweisheit, frei nach Antoine de Saint-Exupéry, besagt ja: Wenn du Menschen lehren willst, Boote zu bauen, dann reicht es nicht, ihnen das Material, das Werkzeug und eine Anleitung zur Verfügung zu stellen. Wenn du Menschen wirklich lehren willst, Boote zu bauen, dann wecke in ihnen die Sehnsucht nach dem Meer und nach dem Horizont und dem, was es dahinter zu entdecken gibt.

In unserem Leben ist es genauso. Auch da brauchen wir Visionen, Ziele und Träume. Liebe, Partnerschaft, Familie, die eigenen Kinder aufwachsen zu sehen – das ist beispielsweise so ein Traum. Sich in seinem Beruf verwirklichen zu können und vielleicht auch in seinem Hobby, seinem ehrenamtlichen Einsatz – das ist so ein weiteres wesentliches Lebensziel. Und auch glücklich sein zu können, Lebensfreude zu erfahren, sich gehalten und getragen zu wissen in seinem Leben – auch das ist eine Lebensvision, die uns begleitet.

Die Sterndeuter aus dem Osten können uns Beispiele für solche Menschen sein, die sich nicht einfach mit dem Bisherigen zufriedengeben, für Menschen, die in ihrem Leben eine Vision haben, ein Ziel, eine Hoffnung, die sie erfüllt. Danach haben die Sterndeuter immer wieder gefragt, gesucht und dafür Mühen auf sich genommen.

Wer Visionen hat, ist kein Fall für den Arzt, keineswegs. Im Gegenteil: Er hat das Leben begriffen.

PREDIGTVORSCHLAG VI
STERNSUCHER

Sterne zu beobachten, ist in unserer Zeit schwierig geworden. Nicht nur der wolkenverhangene Himmel oder dichter Nebel hindern uns daran gelegentlich. Auch der Mensch trägt das Seine inzwischen dazu bei. Längst überstrahlen oftmals die Lichter am Boden die Gestirne am Firmament und berauben sie ihrer beeindruckenden Strahlkraft. Von Lichtverschmutzung wird sogar gesprochen, und manch aufdringliche Leuchtreklame scheint wirklich die Nacht zum Tag machen zu wollen. Man muss oft schon tief in die Einsamkeit gehen, um ungestört von den irdischen Lichtquellen der Zivilisation den Himmel betrachten zu können. Sternwarten werden darum in heutiger Zeit entweder in entlegene Wüsten gebaut oder aber auf hohe Berge, fernab vom Strahlen der Hausbeleuchtung, der Autoscheinwerfer oder der Straßenlaternen. Es ist einsam geworden für die Himmelsbeobachter, und nur wenige, so scheint es, schauen noch nach oben zu den Sternen.

Auch die Weisen aus dem Morgenland, von denen Matthäus in seinem Evangelium berichtet, sind offenbar nur eine kleine

Schar. Astronomen waren es wohl, vielleicht aber – wie in damaliger Zeit üblich – eher Astrologen, also Menschen, die aus den Sternen etwas für ihr Leben ablesen wollten, oder noch mehr: etwas erkennen wollten über das Schicksal und den Verlauf dieser Welt. Wie lange sie gen Himmel geschaut haben, was sie dort eigentlich gesucht haben und zu finden hofften, das bleibt im Dunkeln – vielleicht auch zunächst für sie selbst. Aber dann eines Tages sehen sie Ungewöhnliches, etwas so Neues und Unbekanntes, dass sie beschließen, sich auf den Weg zu machen und das neugeborene Königskind zu suchen, das sie mit einem neuen, hell strahlenden Stern am Himmel in Verbindung bringen. Eine wahre Sternstunde scheint angebrochen, so sind sich diese Weisen sicher, eine Sternstunde für sie selbst wie für die ganze Welt.

Doch mit ihrem Blick gen Himmel bleiben sie offenbar wieder ganz allein. Bei König Herodes, dem Herrscher über Judäa, suchen die Weisen zuerst nach dem neugeborenen Königskind. Der aber erschrickt und wittert nur Verrat und Verschwörung angesichts eines möglichen Konkurrenten um den Thron. Nicht von ungefähr lässt er, als die Weisen nicht zu ihm zurückkehren, in Betlehem dann einen grausamen Kindermord durchführen, so erzählt es Matthäus.

Aber auch die Schriftgelehrten und Hohenpriester wollen sich den Weisen nicht anschließen. Zu sehr sind auch sie mit sich selbst beschäftigt. Der Glanz ihrer Stellung und das Leuchten der Macht blenden sie so sehr, dass sie nicht mehr erkennen können, welches Licht am Himmel es zu sehen gäbe. Der kleine Hoffnungsschein eines Kindes, das gerade nicht im funkelnden Palast geboren wird, sondern in ganz ärmlichen, düsteren Verhältnissen – er hat keine Chance gegen das grelle Flutlicht der politischen und religiösen Macht.

Sternsucher sind selten geworden, auch in unserer Zeit. Wer schaut noch nach oben zum Himmel, wenn die Lichter hier unten auf der Erde so hell strahlen? Und doch wäre es wichtig, die Lichtzeichen am Firmament, das blasse Schimmern von oben nicht zu übersehen, gerade auch im Hier und Heute. Vieles Kleine und Unscheinbare gerät schnell aus den Augen, weil anderes, vermeintlich Wichtigeres sich vordrängt. Tatsächlich aber wäre gerade dieses Unbedeutende und Geringe für uns oft entscheidend.

Die Weisen aus dem Morgenland haben es uns vorgemacht. Sie brechen auf, weg von ihrer Heimat, sie folgen dem Stern und wagen den weiten Weg, um das zu finden, was sie im Herzen ersehnten und erhofften. Und sie finden es schließlich – anders als gedacht – in einer ärmlichen Hütte, in bescheidenen Verhältnissen, bei einer einfachen Familie. Sie lernen, dass Gott sich oftmals nicht im Lauten und Großen zeigt, sondern vielmehr klein, verletzlich und leise.

In unserem Leben wird das vielfach nicht anders sein. Gottes Leitstern, sein Licht am Himmel ist auch in unserem Leben vorhanden, ganz sicher, aber eben nicht aufdringlich und grell. In ganz unvermuteten Zeichen, im Alltäglichen, in stillen, leisen Momenten will er uns den Weg zeigen. Es kommt darauf an, dass wir ihn nicht überhören, nicht übersehen und uns nicht blenden lassen vom grellen Lichtergetöse. Es kommt darauf an, unseren Blick zu erheben und über alles irdische Machtgehabe hinaus zu sehen, über alle Kämpfe um Ansehen und über alle Gier nach Erfolg und Reichtum hinweg.

Sterne leuchten noch immer am Himmelsfirmament unseres Lebens. Wir müssten nur wieder lernen, auch hinzusehen.

FEST TAUFE DES HERRN A

GOTT WENDET SICH DEN MENSCHEN ZU

1. L: Jes 42,5a.1–4.6–7 | 2. L: Apg 10,34–38 | Ev: Mt 3,13–17

Liturgische Begrüßung

Jesus Christus, Gottes geliebter Sohn, sei mit euch!

Einführung

Weihnachten ist lange schon wieder vorbei, so mag es uns erscheinen. Doch eigentlich enden die weihnachtlichen Tage erst heute, mit dem Fest der Taufe des Herrn. Jesus Christus geht an den Jordan zu Johannes und lässt sich von ihm wie viele andere auch taufen. Der Gottessohn reiht sich ein unter die Menschen; er ist bei denen, die umkehren wollen, und zugleich zeigt sich hier seine Erwählung: Der Himmel tut sich auf und Gott nennt Jesus seinen geliebten Sohn. Das zeigt uns: Dieser Jesus von Nazaret ist wirklich der „Gott-mit-uns“; in ihm ist Gott tatsächlich zu den Menschen gekommen. Darum wollen wir in weihnachtlicher Freude rufen:

Kyrie-Rufe

Herr Jesus Christus,
- du ewiger Sohn des Vaters.
- auf dir ruht Gottes Geist.
- du bringst Licht in unser Leben.

Fürbitten

Zu Gott, der Jesus Christus als seinen geliebten Sohn geoffenbart hat, wollen wir voll Vertrauen beten:
- Hilf allen Getauften, glaubwürdig deine Botschaft zu verkünden und zu leben!

V Gott, unser Vater.
A Wir bitten dich, erhöre uns.

- Stehe den Eltern bei in ihrer Aufgabe, ihre Kinder im Glauben und in der Liebe zu erziehen!
- Schenke den Taufbewerbern auf der ganzen Welt Freude am Glauben!
- Gib dich denen zu erkennen, die nicht mehr an dich glauben können!

- Schenke allen Verzeihung, die voll Reue zu dir umkehren!

Herr, unser Gott, du öffnest dich für uns Menschen. In der Taufe hast du uns als deine geliebten Töchter und Söhne angenommen. Dafür preisen wir dich mit unserem Bruder Jesus Christus im Heiligen Geist heute und in Ewigkeit. Amen.

PREDIGTVORSCHLAG

DER GEÖFFNETE HIMMEL

Es ist nur ein kleiner Satz, nur ein paar Worte sind es, und doch geben sie uns den Schlüssel für das Verständnis des heutigen Evangeliums an die Hand: „Da öffnete sich der Himmel", hatte es da geheißen. Wir werden uns das zunächst ganz wörtlich vorstellen: nicht so freilich, als ob da nun Regen oder Schnee vom Himmel herabgekommen wären, als ob sich also die Schleusen des Himmels geöffnet hätten, wie wir gerne sagen, sondern vielmehr, wie wenn die Wolken beiseitegeschoben werden und Platz machen für die freie Sicht auf das Blau des Himmels und für die Strahlen der Sonne.

Wenn in der Bibel vom geöffneten Himmel die Rede ist, ist allerdings noch mehr und anderes gemeint. Jesus steht hier ganz am Beginn seines öffentlichen Wirkens. Er tritt heraus aus der Verborgenheit seiner Jahre in Nazaret. Während uns in den vergangenen Festtagen die Geburt Christi, seine Kindheit und Jugendzeit vor Augen geführt wurden, so begegnet uns heute am Fest der Taufe des Herrn, das zugleich Schlusspunkt der weihnachtlichen Festzeit ist, im Evangelium der erwachsene Mann Jesus. Er kommt nun aus Galiläa zu Johannes an den Jordan, um sich von ihm taufen zu lassen. Der aber ist erschrocken und lehnt ab. Müsste nicht der Größere, also Jesus, ihn taufen? Erst mit dem Hinweis auf Gottes Plan gibt Johannes schließlich nach. Gottes Geist erfüllt daraufhin Jesus und offenbart ihn als den wahren und geliebten Sohn Gottes.

Und genau das ist es, was den geöffneten Himmel ausmacht. Der Himmel steht von alters her für die Sphäre, für den Raum Gottes. Er ist – natürlich – nicht einfach mit dem Himmel über der Erde identisch, nicht mit dem blauen Firmament und dem Weltall dahinter. Der Himmel – das ist der Ort Gottes selbst, sofern man ihm denn überhaupt irgendeinen Ort und Raum oder auch eine Zeit zuweisen kann. Denn Gott steht ja über allem. Der Himmel ist sein Einflussbereich, seine Dimension, die alles umgibt, ja er ist letztlich Gott selbst. Darum wird auf Ikonen der Himmel oftmals auch nicht blau, sondern golden gemalt als Zeichen dafür, dass damit nicht der Himmel über den Köpfen der Menschen gemeint ist, sondern vielmehr, dass die Heiligen immer von Gott umgeben sind, dass wir alle in ihm leben, in ihm uns bewegen und sind.

Wenn es darum heißt „Der Himmel öffnete sich …", dann bedeutet das nichts anderes, als dass Gott sich den Menschen zuwendet, dass er sich für die Menschen öffnet. Und er hat das in besonderer, in unüberbietbarer Weise getan in seinem Sohn Jesus Christus. Denn er hat wirklich Gott und Welt, Himmel und Erde zusammengebracht. In seiner Gegenwart haben die Menschen gespürt: Gott ist uns nahe. Gott liebt uns; wir sind – wie Jesus selbst – Gottes geliebte Töchter und Söhne. Der Himmel ist uns aufgeschlossen, ja: *Gott* ist für uns aufgeschlossen. Das neugeborene Kind in der Krippe, das uns an Weihnachten vor Augen gestellt wurde, wie auch der Mann Jesus von Nazaret – sie stehen beide in Person dafür, dass Gott den Menschen das Heil bringen will.

Vielleicht werden wir jetzt sagen: Nun gut, das ist alles recht und schön. Aber wie erfahren wir das denn konkret, dass der Himmel sich für uns geöffnet hat, dass Gott und Mensch zusammenkommen? Einen deutlichen Hinweis gibt uns die heutige Lesung aus dem Jesaja-Buch. Dort heißt es über den Gottesknecht: „Das geknickte Rohr zerbricht er nicht, und den glimmenden Docht löscht er nicht aus" (Jes 42,3). Und weiter: „Ich schaffe und mache dich zum Bund mit dem Volk, zum Licht der Nationen, um blinde Augen zu öffnen, Gefangene aus dem Kerker zu holen und alle, die im Dunkel sitzen, aus der Haft" (Jes 42,6 f.).

Jesus Christus hat uns gezeigt: Der Himmel öffnet sich überall dort, wo Menschen einander verzeihen und wieder neu aufeinander zugehen können. Der Himmel öffnet sich dort, wo jemand auch nach einem noch so verkorksten Versuch wieder eine Chance bekommt. Der Himmel öffnet sich, wenn die Hoffnung nicht erstirbt und nicht aufgegeben wird. Er öffnet sich dann, wenn Menschen einander beistehen und aus ihrer Not heraushelfen. Der Himmel ist uns aufgeschlossen und Gottes Nähe wird für uns erfahrbar, wenn Menschen auch heute noch im Geiste Jesu Christi als Gottes geliebte Kinder handeln.

FEST TAUFE DES HERRN B

DU BIST MEIN GELIEBTER SOHN

1. L: Jes 42,5a.1–4.6–7 *oder* Jes 55,1–11 | 2. L: Apg 10,34–38 *oder* 1 Joh 5,1–9 | Ev: Mk 1,7–11

Liturgische Begrüßung

Jesus Christus, den Gott, der Vater, als seinen geliebten Sohn geoffenbart hat, sei mit euch!

Einführung Heute, am Sonntag nach dem Dreikönigstag, feiern wir das Fest der Taufe des Herrn. Mit diesem Fest enden die weihnachtlichen Tage, und es beginnt die Reihe der Sonntage im Jahreskreis.

Dreißig Jahre lang hat Jesus unbemerkt als Kind, Jugendlicher und erwachsener Mann in Nazaret gelebt; dann ging er an den Jordan zu Johannes und ließ sich wie viele andere von ihm taufen. Dabei erfüllte Gott Jesus mit dem Heiligen Geist und nannte ihn seinen geliebten Sohn.

Auch wir sind getauft worden; so wurden wir Glieder der Kirche Christi und Gottes geliebte Töchter und Söhne. Darauf wollen wir uns neu besinnen, dafür wollen wir danken und das Erbarmen unseres Herrn preisen.

Kyrie-Rufe Herr Jesus Christus,

- du bist Gottes geliebter Sohn.
- Gottes Geist hat dich erfüllt und gestärkt, um den Weg der Hingabe zu gehen.
- in der Taufe hast du uns zu Kindern Gottes gemacht.

Fürbitten

Gott hat seinen Sohn in diese Welt gesandt, damit er das Leben mit uns teilt und die Liebe des Vaters unter uns Menschen erfahrbar macht. Zu ihm wollen wir beten:

- Hilf uns, aus dem Geschenk deiner Taufe heraus so zu leben, dass die Welt uns als deine geliebten Kinder erkennen kann!
- Stärke den Zusammenhalt und die Liebe bei den Ehepaaren, zwischen Eltern und Kindern und in den Familien!
- Tröste alle, die sich nicht geliebt und angenommen fühlen, und gibt ihnen liebevolle Menschen zur Seite!
- Mache uns bereit, zu unseren Fehlern zu stehen und um Verzeihung zu bitten, aber auch anderen zu vergeben, wenn sie an uns schuldig geworden sind!
- Vollende an unseren Verstorbenen die Verheißung, die du ihnen einst in der Taufe gegeben hast, und lass sie zum neuen Leben in deinem Reich auferstehen!

Ewiger Gott, immer wieder offenbarst du deine Liebe zu uns Menschen. Hilf uns, dass wir uns nicht verschließen, sondern uns öffnen für dich, wie du es einst getan hast in deinem Sohn Jesus Christus, unseren Herrn. Amen.

PREDIGTVORSCHLAG

ANGEWANDTES CHRISTENTUM

Einmal meinte ein Seifenfabrikant zu einem Priester: „Das Christentum hat nichts erreicht. Obwohl es nun schon zweitausend Jahre gepredigt wird, ist die Welt nicht besser geworden. Es gibt immer noch Böses und böse Menschen." – Der Priester hörte sich das geduldig an. Dann wies er auf ein ungewöhnlich schmutziges Kind, das am Straßenrand im Dreck spielte, und sagte: „Seife hat nichts erreicht. Es gibt immer noch Schmutz und schmutzige Menschen in der Welt." „Seife", entgegnete der Fabrikant, „Seife nützt nur, wenn sie auch angewandt wird." Der Priester darauf: „Christentum auch."[11]

Der christliche Glaube kann nur etwas bewirken, wenn er auch angewandt wird. Aber worin besteht eigentlich unser Glaube?

Heute feiern wir das Fest der Taufe des Herrn. Im Evangelium haben wir gehört, wie Jesus zu Johannes geht und von ihm im Jordan getauft wird. So unterschiedlich auch unsere eigene Taufe und die Taufe Jesu damals sein mögen – manches gibt es in diesem Evangelium, was genauso auf uns zutrifft, was auch über uns gesagt wird.

Als Jesus getauft wird, öffnet sich der Himmel, der Heilige Geist kommt auf ihn herab und eine Stimme spricht: „Du bist mein geliebter Sohn, an dir habe ich Wohlgefallen gefunden." Ein jeder Mensch braucht die Liebe seiner Eltern oder anderer Menschen. Nur dann kann er zu dem Selbstvertrauen finden, das er für sein Leben benötigt, zu persönlicher Stärke und Ausgeglichenheit und auch zu rechtem Lebensmut. Jedes Kind, jeder Mann, jede Frau braucht das, dass einer zu ihm oder zu ihr sagt: Du bist von mir geliebt, du bist meine geliebte Tochter, du bist mein geliebter Sohn.

Und genau das sagt Gott in der Taufe zu uns, zu einem jeden: Ich nehme dich an als mein Kind, ich bin für dich fortan wie ein liebender Vater, wie eine liebende Mutter. Diese Zusage macht Gott uns in der Taufe, und sie schenkt uns Vertrauen und die Kraft, die uns dieses Leben bestehen lässt.

Das also ist der Inhalt unseres christlichen Glaubens. Was aber ist nun seine Anwendung?

Peter Rosegger, der österreichische Dichter, beschreibt in seinem Hauptwerk „Waldheimat" das Verhalten seines Vaters. Der wortkarge Mann behielt seine Liebe zu seinem Sohn zeitlebens für sich. Doch einmal belauschte der kleine Peter zufällig einen Streit zwischen den Eltern, wobei der Vater äußerte: „Wer sagt denn, dass ich den Buben nicht lieb hab? Ins Herz hinein, Gott weiß es! Aber sagen mag ich es ihm nicht; ich mag es nicht und ich kann es nicht!"[12]

11 Nach Gisbert Kranz, abgedruckt in: Willi Hoffsümmer, Kurzgeschichten 3, Mainz [7]1995, S. 59.

12 Vgl. Peter Rosegger, Waldheimat, München o. J. Zitiert nach Franz Penzkofer, Du bist mein geliebtes Kind, in: Der Prediger und Katechet 1/2001 (140), S. 88 f.

Gott aber scheut sich nicht, uns seine Liebe einzugestehen. Wenn es in unserem Evangelium heute heißt: „Der Himmel öffnete sich …", dann meint das: Gott selbst öffnet sich für den Menschen. Er kann nicht anders, als uns seine Zuneigung zu gestehen. Er scheut sich nicht davor, das zu tun, weil er weiß, wie wichtig es für uns Menschen ist. Er sträubt sich nicht – und das, obwohl klar ist, dass diese Liebe oft enttäuscht werden wird, dass sie ein Wagnis bleibt, weil die Menschen so oft andere Wege gehen als die Wege Gottes.

Christentum bedeutet dann: alle Scheu, alle Angst vor dem anderen abzulegen, sich für den Mitmenschen zu öffnen. Christentum heißt, das Wagnis der Liebe einzugehen, weil wir wissen, wie wichtig sie für die Menschen ist, selbst wenn wir dabei enttäuscht werden. Wir haben dabei ein großes Vorbild: Gott selbst, der über Jesus von Nazaret sagt: „Dies ist mein geliebter Sohn." Er hält zu ihm, in jeder Not und jeder Bedrohung. Das ist es, was er auch uns in der Taufe versprochen hat: Er wird bei uns sein und an uns festhalten, weil wir seine geliebten Kinder sind.

Ein Gefängnisseelsorger erzählte einmal: Oft habe ich erlebt, wie enttäuschte Eltern sich von ihrem straffällig gewordenen Sohn abgewandt haben und zu mir sagten: „Er ist nicht mehr unser Sohn." Aber ich erinnere mich auch an das Gegenteil. Einer der Gefangenen, die ich betreute, hatte große Angst vor dem ersten Besuch von Vater und Mutter. Er bat mich zu vermitteln. Doch es war nicht nötig. Die Eltern haben es mir gleich gesagt: „Er ist und bleibt unser Sohn, so lange wir leben. Wir werden ihn nicht fallen lassen."[13]

Hat das Christentum wirklich nichts bewirkt? Oh doch, ganz bestimmt, wenn es auf diese Weise Anwendung findet.

---

13 Nach Rudolf Haderstorfer, Wir gehören zur Familie Gottes, in: Der Prediger und Katechet 1/2001 (140), S. 87.

FEST TAUFE DES HERRN C

GESTÄRKT DURCH GOTTES GEIST

1. L: Jes 42,5a.1–4.6–7 *oder* Jes 40,1–5.9–11 | 2. L: Apg 10,34–38 *oder* Tit 2,11–14; 3,4–7 | Ev: Lk 3,15–16.21–22

Liturgische Begrüßung

Gott, der liebende Vater, der sich uns in seinem menschgewordenen Sohn geoffenbart hat, sei mit euch!

Einführung

Übergänge sind oftmals nicht leicht: vom Urlaub zurück zur Arbeit oder Schule, von den Festtagen wieder zurück in den Alltag, von Kindheit und Jugend hinein ins Erwachsenenalter, oder auch der Umzug von einem Ort zum anderen. Immer stehen wir da vor Herausforderungen, weil wir so manches hinter uns lassen und von neuem beginnen müssen.
Vor solch einem Neuanfang steht auch Jesus angesichts seines ersten öffentlichen Auftretens. Und er lässt sich dafür in besonderer Weise stärken in der Taufe durch Johannes am Jordan. Seinen weiteren Weg muss er nicht alleine gehen: Gottes Geist gibt ihm Kraft für das, was vor ihm liegt.
Auch uns hat Gott mit seinem Geist gestärkt, und auch uns sagt er damit zu, dass wir seine geliebten Kinder sind. Darum rufen wir nun im Kyrie den Herrn an und preisen ihn für sein Erbarmen.

Kyrie-Rufe

Herr Jesus Christus,
- du hast dich stärken lassen für deinen Weg durch das Wasser der Taufe.
- du hast dich bei deiner Taufe am Jordan der Hilfe und dem Beistand Gottes anvertraut.
- du hast die Liebe deines Vaters im Himmel erfahren dürfen.

Fürbitten Das geknickte Rohr zerbricht Gott nicht und den glimmenden Docht löscht er nicht aus. Durch das Kommen seines Sohnes Jesus Christus hat er den Menschen Heil und Rettung gebracht. Zu ihm wollen wir beten:

- Bestärke alle, die in der Taufe deine Kinder geworden sind, im Dienst an den Notleidenden und im Zeugnis für die Frohbotschaft deines Sohnes!
- Lass unsere Kinder und Jugendlichen treue Wegbegleiter im Glauben finden und hilf ihnen zu erfahren, dass sie deine geliebten Töchter und Söhne sind!
- Gib neuen Mut jenen, die in ihrem Leben schwere Lasten zu tragen haben und nicht wissen, worauf sie noch hoffen sollen!
- Stehe allen bei, die unter Kriegen, Gewalt und Terror leiden und sich nach Frieden und Versöhnung sehnen!
- Nimm unsere Verstorbenen auf zu dir in dein himmlisches Reich und schenke ihnen den Geist des Lebens und der Freude!

Barmherziger Gott, bei der Taufe im Jordan hast du Jesus als deinen Sohn geoffenbart und ihn mit deinem Geist gestärkt. Lass auch uns aus der Kraft leben, die wir einst in der Taufe empfangen haben als deine geliebten Töchter und Söhne. Darum bitten wir durch Christus, unseren Herrn. Amen.

PREDIGTVORSCHLAG

AN DER SEITE DER SÜNDER UND ARMEN

Erinnern Sie sich noch an Ihren ersten Arbeitstag oder an den ersten Tag an einer neuen Arbeitsstelle? Vielleicht ist das bei dem ein oder anderen schon lange her; aber so manches bange Gefühl von damals ist uns sicher noch gut im Gedächtnis. Oft ist es dann so, dass der Neue etwas später kommen kann und er nicht gleich mit Arbeit überhäuft wird. Der erste Tag in der Firma soll nicht gleich allzu fordernd sein. Vieles ist ohnehin noch recht fremd.

Jeder braucht so seine Zeit, um sich einzuarbeiten und einzugewöhnen. Die neuen Mitarbeiter und Vorgesetzten werden einem vorgestellt. Man beschnuppert sich gegenseitig – auch den neuen Kollegen: Was taugt er so, wer ist das überhaupt, wie schlägt er sich? Der erste Eindruck ist da oft schon vielsagend und entscheidend. Und das, was sich jemand als Erstes vornimmt, kann dabei schon zum Programm werden.

Im heutigen Evangelium ist auch von so einem Neuanfang die Rede. Jesus selbst steht vor einem neuen Abschnitt seines Lebens. Wir haben gleichsam den Bericht von seinem ersten Tag an neuer Stelle gehört. Denn bislang hat Jesus wohl als Zimmermann ganz unauffällig und verborgen gelebt. Nun aber bahnt sich für ihn etwas ganz Umwälzendes und Einschneidendes an: Er tritt an die Öffentlichkeit. Er predigt, sammelt Jünger um sich, heilt Kranke und wirkt noch andere Wunder. Nun erregt er Aufsehen. Jesus steht noch ganz am Anfang. Alle fragen sich: Wer ist das eigentlich, was hat er vor, was will er erreichen? Die Menschen müssen Jesus erst noch kennenlernen. Seine erste öffentliche Handlung ist da besonders wichtig. Sie ist schon Programm.

Was also wird er tun? Wird er irgendein großes Zeichen setzen, eine spektakuläre Tat vollbringen, eine atemberaubende Geste? Heute würde man wohl sagen: irgendetwas Medienwirksames? Nein, nichts von alledem, im Gegenteil: Jesus unterzieht sich vielmehr der Bußtaufe des Johannes. Als Jesus zu ihm an den Jordan kommt, da war der Mann aus Nazaret nur einer unter vielen, genauso bekannt oder unbekannt wie alle anderen auch. Vermutlich wäre er hier gar nicht groß aufgefallen. Doch einem fällt er auf: Johannes weiß, wer da zu ihm kommt.

Johannes predigt Umkehr. Er bestürmt die Menschen, Schluss zu machen mit ihrem bisherigen Leben, die eigenen Fehler zu bekennen und neu anzufangen. Zum Zeichen der Umkehr tauft er die Menschen im Jordan. Wie Schmutz im Wasser, so werden ihre Sünden abgewaschen. Die Taufe des Johannes ist also zuallererst ein Bußritus. Mit unserer christlichen Taufe hat sie noch nicht viel gemein. Und da kommt Jesus. Er stellt sich in die Reihe der Sünder. Wie alle anderen will auch er von Johannes getauft werden – wie alle anderen, die ihre Schuld bekennen. Nach der Schilderung des Matthäusevangeliums weigert sich Johannes zunächst: Ich müsste doch von dir getauft werden und nicht du von mir, so sagt er zu Jesus. Du bist doch viel stärker als ich; ich bin es nicht wert, dir die Schuhe zu lösen. Ich taufe doch nur mit Wasser, doch du mit Heiligem Geist und mit Feuer, so spricht Johannes im Lukasevangelium.

Man kann Johannes gut verstehen. Der Sohn Gottes – warum sollte er sich von Sünden reinwaschen lassen? Doch Jesus reiht sich ein unter die anderen. Er zeigt sich solidarisch mit den Menschen, gerade mit den schuldbeladenen unter ihnen. Immer wieder wird er das auch später tun: Er isst mit Sündern, ohne Angst, sich selbst unrein zu machen. Er ergreift Partei für eine Ehebrecherin. Er lässt zu, dass eine stadtbekannte Dirne mit ihren Tränen seine Füße wäscht und mit ihrem Haar trocknet. Und seinen Aposteln wäscht er selber die Füße, auch bei Petrus, der ihn später dreimal verleugnen wird.

Jesus, der geliebte, der einzige Sohn Gottes, solidarisiert sich mit den Sünden, den Armen, den Kranken und Ausgestoßenen. Das ist sein Programm. Das ist der erste Eindruck, den die Menschen damals und den wir heute von Jesus bekommen. Kein Prunk, kein Pomp, kein Pochen auf seine Macht und Herrlichkeit stehen am Anfang seines Wirkens. Das passt zur Geburt im Stall von Betlehem; das passt zum erbärmlichen Tod am Kreuz. Dieser Jesus, das ist keiner, der fern von den Menschen lebt, der über uns stehen will; nein, das ist einer von uns. Gott will einer von uns sein. Er will all das mitmachen, was wir mitmachen müssen. Das ist der erste Eindruck, den wir von ihm bekommen.

Auch wir stehen heute an einer Wende. Die Festtage sind vorüber; der Alltag beginnt wieder. Das neue Jahr ist gerade erst ein paar Tage alt. Viele von uns mussten bereits wieder zur Arbeit oder in die Schule. Das Fest der Taufe des Herrn stellt uns die Frage: Was ist unsere erste Tat an diesem, wenn auch kleinen Neuanfang? Vielleicht ein gutes Wort, eine freundliche Geste; vielleicht ein herzliches „Guten Morgen“ oder aber eine helfende Tat. Denken wir daran: Es könnte Programm sein für alles Weitere.

LIEDPREDIGTEN ZU ADVENT UND WEIHNACHTEN

1. ADVENTSSONNTAG

WIR SAGEN EUCH AN DEN LIEBEN ADVENT

Was das Singen von Advents- und Weihnachtsliedern angeht, so ist in den letzten Jahren ein eigenartiges Phänomen zu beobachten. Nicht mehr nur in den Kirchen werden sie gesungen. Auch dort, wo man das gar nicht erwarten würde, versammeln sich heutzutage Menschen, um diese Lieder gemeinsam anzustimmen. In Dortmund, Berlin oder Köln, aber auch in kleineren Städten kommen Menschen in Fußballstadien und anderen Sportarenen zum Weihnachtssingen zusammen. Man kann hinter dieser jungen Entwicklung vermuten, dass viele eben nicht mehr zum Gottesdienst in die Kirchen kommen oder zu anderen adventlichen Feiern und ihnen deshalb die Gelegenheit zum gemeinsamen Singen dieser Lieder fehlt. Dass sie für den Zugang zu den Stadien Eintritt – anders als bei Gottesdiensten – zahlen müssen, das steht dabei auf einem anderen Blatt. Immerhin aber wird bei diesem Trend zum weihnachtlichen Stadionsingen eines deutlich: Diese Lieder haben eine große Bedeutung, sie haben für uns große Kraft. Offenbar sprechen sie eine tiefe Sehnsucht des Menschen an, die auch dann noch vorhanden ist, wenn man schon lange keine Kirche mehr von innen gesehen hat. Adventliche und weihnachtliche Lieder können uns wirklich einstimmen auf die kommenden Tage und uns nahebringen, was wir an Weihnachten eigentlich feiern. Deshalb ist es sinnvoll und wichtig, danach zu fragen und sich vor Augen zu halten, welche Botschaft in diesen Liedern eigentlich enthalten ist und was sie uns für diese Wochen des Advents und des bevorstehenden Weihnachtsfestes sagen können.

Vom Lied, das heute am ersten Advent vorgestellt werden soll, dürfen wir vorerst allerdings nur die erste Strophe singen. Alles andere wäre auch Anlass zu Heiterkeit. Es geht um das Lied: „Wir sagen euch an den lieben Advent“. Jede der vier Strophen bezieht sich auf einen der vier Adventssonntage, und es wäre tatsächlich sehr gedankenverloren, wenn man am ersten Advent schon von der dritten oder vierten Kerze singen würde.

Der Text dieses Liedes stammt von der in Österreich aufgewachsenen Lehrerin und Schriftstellerin Maria Ferschl (1895–

1982). Lange Jahre unterrichtete sie an einer Hauptschule in Baden-Württemberg. Sie war eng verbunden mit der liturgischen Erneuerung in der Zeit vor dem Zweiten Weltkrieg und nahm hier viele Impulse auf. Damals ging es ja um eine Reform des Gottesdienstes, vor allen Dingen um die Frage, wie denn die Gläubigen bei der Messe ganz bewusst und tätig mitfeiern können, auch mit deutschsprachigen Gebeten und Gesängen statt der bis dahin auf Latein gehaltenen Messe.

1954 hat Maria Ferschl dann den Text des Liedes in Riedhausen in Württemberg verfasst. Heinrich Rohr, damals Kirchenmusikdirektor des Bistums Mainz, hat dazu eine eingängige Melodie geschrieben. Erstmals in der Heiligen Nacht 1954 wurde das Lied schließlich in der Kirche von Riedhausen gesungen, wobei ursprünglich eine Schola die Strophen sang und die Gemeinde den Kehrvers. Zu jeder Strophe wurde jeweils eine Kerze am Adventskranz angezündet, sodass man sehen konnte, wie das Licht immer heller wurde und Weihnachten immer näher rückt.

Dass Maria Ferschl Lehrerin war, ist wohl auch der Grund, warum das Lied so eingängig und auch für Kinder gut geeignet ist. Noch heute wird es offenbar gerne in Kindergärten und Schulen gesungen. Und es passt ja auch sehr gut: Jede Strophe macht hier deutlich, wie wir Schritt für Schritt, Kerze für Kerze auf das Weihnachtsfest zugehen durch die knapp vier Wochen des Advents hindurch. Schritt für Schritt gilt es darum auch, sich auf das Weihnachtsfest vorzubereiten, auf die Ankunft Christi in dieser Welt.

Eine „heilige Zeit", so nennt die erste Strophe diese Zeit des Advents. Aber ist sie das wirklich? Geschäftigkeit und Hektik prägen ja oftmals viel eher die kommenden Tage. Wenn es schon die restlichen Wochen des Jahres vielfach rund geht in unserem Leben, dann scheint sich das im Advent noch um einiges zu steigern. Die Zeit – sie ist kurz; es gilt vieles vorzubereiten.

Das Lied „Wir sagen euch an ..." setzt da einen anderen Schwerpunkt. Der Advent – er ist bewusst eine heilige Zeit, eine Chance, die wir nicht verstreichen lassen sollten; eine Zeit, in der wir auf das Wesentliche achten sollten; eine Zeit, in der wir unser Leben heiligen können und so dem Herrn den Weg bereiten, wie es weiter in der ersten Strophe heißt. Christus will zu uns kommen – das ist das Entscheidende; darin liegt für uns das Heil. Sich einander anzunehmen, diese Welt mit dem Licht der eigenen Güte zu erhellen und so Gott die Wege in der Welt zu bahnen – darauf kommt es an. Schritt für Schritt haben wir dazu Gelegenheit, mit vier Stationen, die diese kommenden Tage gliedern und uns zeigen, wie nahe Weihnachten schon ist.

Das Lied von Maria Ferschl ist eines der wenigen, in denen ausdrücklich vom Advent die Rede ist. In heutiger Zeit ist in vielen Berichten und Meldungen über diese jetzt anbrechenden Tage oft eher von der „Vorweihnachtszeit" die Rede. Gerade die Geschäftswelt will uns damit darauf aufmerksam machen, was noch alles zu erledigen und vor allem zu besorgen ist. Das Wort „Advent" aber hat einen ganz anderen Inhalt. Es stammt vom lateinischen „adventus" und bedeutet: „Ankunft". Nicht irgendeine Festivität, die unbedingt gelingen soll, steht an, sondern Gottes Sohn selbst will zu uns Menschen kommen. *Seine* Ankunft steht bevor. Und darum lassen wir uns gerne mit diesem Lied von Maria Ferschl den Advent ansagen, eine für uns wirklich „heilige Zeit".

2. ADVENTSSONNTAG

MACHT HOCH DIE TÜR, DIE TOR MACHT WEIT

Lieder stimmen uns ein auf die Zeit des Advents und von Weihnachten. Sie bringen uns die Botschaft dieser Tage nahe. Zu diesen Liedern gehört vor allem auch das Lied „Macht hoch die Tür, die Tor macht weit“. Der Text dieses Liedes ist schon ein paar Jahrhunderte alt. Georg Weissel, ein protestantischer Pfarrer, hat ihn im Jahr 1623 geschrieben, und zwar anlässlich der Einweihung der neu errichteten Altroßgärter Kirche in Königsberg in Ostpreußen am zweiten Adventssonntag. An dieser Kirche wirkte Weissel dann auch als Pfarrer. Allerdings wurde das Lied damals noch auf eine andere Melodie gesungen, die Johann Stobäus geschrieben hatte. Erst im Jahr 1704 erhielt es dann in einem Gesangbuch eine andere Vertonung, die sich schließlich durchsetzte und sicherlich auch für die große Beliebtheit des Liedes gesorgt hat.

Über die Entstehung des Liedes berichtet eine Geschichte, die Pfarrer Weissel selber sprechen lässt: „Neulich, als der starke Nordost-Sturm von der nahen Samlandküste herüber wehte und viel Schnee mit sich brachte, hatte ich in der Nähe des Domes zu tun. Die Schneeflocken klatschten den Menschen gegen das Gesicht. Mit mir strebten deshalb viele Leute dem Dom zu, um Schutz zu suchen. Der freundliche Küster öffnete uns die Tür des Domes mit einer tiefen Verbeugung und sagte: ‚Willkommen im Hause des Herrn! Hier ist jeder in gleicher Weise willkommen, ob Patrizier oder Tagelöhner! Sollen wir nicht hinausgehen auf die Straßen, an die Zäune und alle hereinholen, die kommen wollen? Das Tor des Königs aller Könige steht jedem offen.‘ – Nachdem ich den Schnee von meinem Gewand abgeschüttelt hatte, klopfte ich dem Küster auf die Schulter und sagte: ‚Er hat mir eben eine ausgezeichnete Predigt gehalten!‘ – Wir blieben im Vorraum des Domes stehen, bis sich das Unwetter ein wenig gelegt hatte. Da kamen mir die ersten Verse in den Sinn: ‚Macht hoch die Tür, die Tor macht weit.‘ Zu Hause beendete ich den Text in kurzer Zeit.“[14]

---

14 Nach Hauke Burgarth, in: https://www.jesus.ch/magazin/kultur/musik/321356-so_entstand_das_lied_macht_hoch_die_tuer.html

Dass Pfarrer Weissel gerade diese Worte in den Sinn kamen, braucht nicht zu verwundern. Denn es sind Worte aus Psalm 24 in der Übersetzung von Martin Luther: „Machet die Tore weit und die Türen in der Welt hoch, dass der König der Ehren einziehe", so heißt es dort. Ursprünglich war dieser Psalm ein Teil der Feier beim Einzug der Bundeslade in den jüdischen Tempel. Mit dem „König der Ehren" ist also Gott selbst gemeint, der bei seinem Volk Einzug hält. Die Christen haben diese Worte aber recht schnell auch auf Jesus Christus bezogen, dessen Kommen sie im Advent in besonderer Weise erwarten.

Dazu kommt, dass in der alten Liturgieordnung der evangelischen Kirche genau dieser Psalm 24 im Gottesdienst zum ersten Advent gebetet und als Lesung der Bericht vom Einzug Jesu in Jerusalem vorgelesen wird. So wie damals Gott mit der Bundeslade bei seinem Volk Israel war, so kommt er auch zu seiner heiligen Stadt, zu seinem Heiligtum in seinem Sohn Jesus Christus, so will das besagen. Gott selbst will unter den Menschen sein. Welchen besseren Gedanken könnte man sich vorstellen zur Weihe einer Kirche?

Und dieser Gedanke durchzieht dann auch die Strophen des Liedes. In Strophe eins und zwei steht der einziehende König und Heiland Jesus Christus im Mittelpunkt. Die Strophen drei und vier nennen dann die Orte, in die er einziehen soll: Der weltliche Bereich wird angesprochen mit „Land" und „Stadt", aber auch die einzelnen Menschen, ja ihre Seele, ihr „Herz", in das Gott kommen will. Strophe fünf schließlich weicht von den anderen Strophen ab: Während zuvor nämlich die Menschen angeredet wurden mit der Aufforderung, die Tore für den Herrn weit zu machen, sprechen diese Zeilen nun Jesus Christus direkt an – mit dem Versprechen, für ihn offen zu sein, und mit der Einladung an ihn, mit seinen Gaben zum einzelnen Beter zu kommen.

Gerade darum aber geht es in diesen Tagen des Advents: Gott ankommen zu lassen, nicht nur in dieser Welt, sondern ganz persönlich auch bei mir; offen und feinfühlig zu sein für seine Gegenwart in meinem Leben, um erfahren zu können, was er mir an Gutem tun will. Jeder ist dazu eingeladen, so macht es das Lied von Pfarrer Weissel deutlich. Nichts soll dazu den Weg versperren.

Das macht auch eine Anekdote deutlich, die immer wieder rund um die Entstehung von „Macht hoch die Tür" erzählt wird. Im Jahr nach der Einweihung der neuen Kirche in Königsberg, an der Pfarrer Weissel tätig war, erwarb ein Geschäftsmann namens Sturgis ein an sein Herrenhaus angrenzendes Wiesengrundstück und versah es mit einem Zaun. Den Bewohnern des nahen Armen- und Siechenheims war dadurch nicht nur der nahe Weg in die Stadt versperrt, sondern auch der Weg zur Kirche. Ein weiter Umweg war nun für sie nötig; viele Heimbewohner aber hatten dazu nicht mehr die Kraft. Die Forderung der Stadtväter und zahlreicher Bürger, das Tor wieder zu öffnen, stieß beim hartherzigen Herrn Sturgis jedoch auf taube Ohren. Pfarrer Weissel aber ließ hier nicht locker.

Am vierten Adventssonntag gesellte er sich mit dem Heimleiter und zahlreichen armen und gebrechlichen Leuten vor Sturgis' Tor. Nachdem der Chor vor dem Tor Aufstellung genommen hatte, hielt Weissel eine kurze Predigt. Mit großem Ernst sprach er von der hochmütigen Verblendung, mit der viele Menschen dem König aller Könige, der ja auch in der Person jedes Armen und Kranken zu finden sei, die Tore ihres Herzens versperrten, sodass er bei ihnen nicht einziehen könne. Mit erhobener Stimme fuhr er fort: „Und heute, lieber Herr Sturgis, steht der König der Könige vor eurem verriegelten Tor. Ich rate euch, ich flehe euch an bei eurer Seele Seligkeit, öffnet ihm nicht nur dieses sichtbare Tor, sondern auch das Tor eures Herzens und lasst ihn demütig mit Freuden ein …" – Er hatte das letzte Wort noch nicht ausgesprochen, als der Chor zu singen begann: „Macht hoch die Tür, die Tor macht weit! Es kommt der Herr der Herrlichkeit!" Sturgis, so die Überlieferung, stand während dieses Liedes wie angewurzelt. Kurz vor Beendigung des Liedes aber – die Anwesenden sahen es mit Erstaunen – griff er in seine Tasche und brachte einen Schlüssel zum Vorschein, mit dem er das Gartentor aufsperrte. Von diesem Zeitpunkt an wurde es nie mehr verschlossen.[15]

Türen und Tore zu öffnen – für Gott, für unsere Mitmenschen –, sich nicht zu verschließen, dazu werden wir eingeladen in diesen Tagen des Advents.

15 Vgl. ebd.

3. ADVENTSSONNTAG

ES KOMMT EIN SCHIFF, GELADEN

„Vor den Toren Hamburgs, direkt an der Elbe, liegt das Schulauer Fährhaus. Eine Fähre gibt es hier im schleswig-holsteinischen Wedel allerdings schon längst nicht mehr. Das Gebäude ist jetzt vielmehr ein beliebtes Ausflugscafé. An sonnigen Nachmittagen sind Terrasse und Innenraum voll besetzt. Das liegt weniger an Kaffee und Kuchen als an einer ganz besonderen Tradition: Das Schulauer Fährhaus ist das so genannte ‚Willkommhöft' von Hamburg. Schiffe, die den Hamburger Hafen ansteuern, werden hier mit dem Hissen der Heimatflagge und dem Abspielen der jeweiligen Nationalhymne willkommen geheißen. Man sieht die großen Frachter tief im Wasser liegen. Langsam manövrieren sie den Fluss hinauf. Die Ladung ist schwer und kostbar, und an irgendeinem Hafenbecken warten schon die Lastkraftwagen, um die Ware aufzunehmen" und weiterzuleiten.[16]

Dieses Bild eines ankommenden, in den Hafen einlaufenden Schiffes muss man vor Augen haben, wenn man das Lied recht verstehen will, das heute im Mittelpunkt der adventlichen Predigt stehen soll: „Es kommt ein Schiff, geladen bis an sein höchsten Bord". Sie finden es im Gotteslob unter Nr. 236, interessanterweise aber nicht mehr wie früher im alten Gotteslob unter den Adventsliedern, sondern nun ganz zu Beginn – gleichsam als Auftakt – der Weihnachtslieder. Denn tatsächlich ist es eine Verbindung von beidem: Handeln die ersten drei Strophen noch vom ankommenden Gottesschiff, so nennt die vierte Strophe bereits das weihnachtliche Geschehen selbst: „Zu Betlehem geboren im Stall ein Kindelein ..."

„Es kommt ein Schiff, geladen" ist dabei eines der ältesten Adventslieder überhaupt. Früher wurde es dem bekannten mittelalterlichen Mystiker Johannes Tauler zugeschrieben, der im 14. Jahrhundert lebte. Nachweisen lässt sich der Liedtext aber erst ab der Mitte des 15. Jahrhunderts. Offenbar war das Lied damals

16 Martin Lätzel, Schiff, in: Guido Fuchs (Hg.), Rorate. Impulse und Modelle für Messen, Wort-Gottes-Feiern und Frühschichten im Advent, Regensburg 2004, S. 126–128, hier: S. 127 (mit geringen Veränderungen).

im elsässischen, im schwäbischen und niederländischen Raum verbreitet. Was heute gar nicht mehr bewusst ist: Ursprünglich war es ein Marienlied. Denn mit dem Schiff, das da ankommt, war die schwangere Maria gemeint. Sie trägt den Sohn Gottes in ihrem Bauch und bringt ihn zur Welt, vermittelt durch den Heiligen Geist. Gott und Welt kommen durch sie zusammen.

Eine in unserem Gotteslob nicht mehr abgedruckte siebte Strophe dieses Liedes löst dieses Rätsel auf, wer denn hier eigentlich gemeint ist; denn diese Strophe lautet:

„Maria, Gottes Mutter,
gelobet musst du sein.
Jesus ist unser Bruder,
das liebe Kindelein."

Katholiken haben dieses Lied also bewusst als Marienlied gesungen. Für evangelische Christen jedoch war aufgrund ihrer Ablehnung der Marienverehrung diese Fassung kaum annehmbar. Deshalb hat Daniel Sudermann, ein protestantischer Theologe, den Liedtext überarbeitet und vor allem die Strophen vier bis sechs angefügt, die nun Jesus Christus, das göttliche Kind, in den Mittelpunkt rücken. Diese ursprünglich evangelische Sudermann-Fassung wurde dann 1975 auch in das frühere katholische „Gotteslob" aufgenommen, damals noch ergänzt durch die siebte, die Marien-Strophe, die leider im heutigen Gotteslob gestrichen ist.

Ein Schiff als Bild für den kommenden Christus – können wir heute damit noch etwas anfangen? Den Menschen an Hafenorten sind einfahrende Schiffe noch immer wohlvertraut. In alter Zeit waren sie die wichtigste Möglichkeit, um Waren zu transportieren und Handel zu treiben, aber auch um in entfernte Länder reisen zu können. Die Besatzungen und Passagiere der Schiffe brachten damals Neuigkeiten mit sich, Nachrichten darüber, was sich andernorts ereignet hatte. Schiffsreisen waren damals eine der wenigen Möglichkeiten, um trotz weiter Entfernungen miteinander in Kontakt zu bleiben. Die ersten christlichen Gemeinden haben sich deshalb nicht von ungefähr vor allem in Hafenstädten entwickelt, weil Neuankömmlinge die Frohbotschaft, das Evangelium, als Erstes dorthin gebracht hatten. So entstanden die Gemeinden in Korinth, in Thessalonich, in Ephesus und Rom. Paulus etwa berichtet immer wieder von seinen Schiffsreisen und davon, wie es ihm dabei erging.

Aber auch die junge Kirche selbst hat sich recht bald als ein Schiff verstanden, das durch die Wellen und Wogen der Zeit unterwegs ist – kein Wunder, denn die ersten Jünger waren ja Fischer am See Genesaret. Mit Jesus an Bord, so hatten sie damals beim Seesturm erfahren, werden wir in unserem Boot nicht untergehen, sondern an unser Ziel gelangen.

Die Menschen früher wussten: Wenn ein Schiff den Hafen erreicht, dann bringt es meist wertvolle Ladung mit sich: Getreide etwa oder Wein, Gewürze und Salz, edle Stoffe und vieles andere mehr – ein wahrer Anlass also zur Freude; denn hier kündigt sich Neues an. Beim Gottesschiff, so sagt es uns unser Adventslied, ist es nicht anders, ja noch weit mehr: Gottes Sohn selbst ist die wertvollste Last, das kostbarste Gut, das man sich vorstellen kann. Er will vom Himmel auf der Erde anlanden und hier Anker werfen. Auch Gottvater und der Heilige Geist wirken dabei mit, damit dieses unfassbare Ereignis geschehen kann, damit Gottes Wort Fleisch annehmen und als Mensch geboren werden kann.

Die Schiffe auf der Elbe bei Wedel kündigen an, dass bald wieder neue Fracht im Hafen von Hamburg ankommen wird. Sie sind Boten des Kommenden – wie es auch das Lied mit dem Bild vom nahenden Gottesschiff uns sagen will. Das, was dieses Schiff bringen wird, die Geburt des Sohnes Gottes durch Maria, – das ist es, was wir in diesen Tagen erwarten.

4. ADVENTSSONNTAG

TAUET, HIMMEL, DEN GERECHTEN

Was das Wort „tauen“ meint, ist uns gut vertraut. Der Schnee etwa kann tauen und wird dann zu Wasser, und manchmal ist es auch notwendig, den Kühlschrank abzutauen. In einer anderen Bedeutung wird dieses Wort aber in dem Lied gebraucht, das heute am vierten Adventssonntag im Mittelpunkt der Predigt stehen soll: „Tauet, Himmel, den Gerechten“, so beginnt dieses bekannte Adventslied.

Tauen hat zwar auch hier mit Wasser zu tun, jedoch nicht mit gefrorenem. Das Wort meint in diesem Liedtext das, wovon es sich eigentlich herleitet, nämlich den Tau, der sich nachts und in der Morgenfrühe auf Wiesen und Felder legt. In der kargen, trockenen Landschaft Israels hat der Tau eine wichtige Bedeutung. Während des Sommers, monatelang also, regnet es hier so gut wie gar nicht. Nur über den Tau, der in dieser Zeit sehr reichlich auftritt, erhalten die Pflanzen die zum Überleben notwendige Feuchtigkeit.

Darum wird der Tau in der Bibel auch als Zeichen von Gottes Heil und Segen verstanden. Mit dem Tau zeigt Gott, dass er seine Schöpfung am Leben erhalten will, dass er sich seinen Geschöpfen Tag für Tag zuwendet. Wenn der Tau fehlt, dann ist das Leben selbst bedroht, so ist den Menschen in Israel klar. Und darum ist es dann auch kein Wunder, dass das Bild des lebenspendenden Taus auch auf andere lebenswichtige Gaben Gottes übertragen wird. So heißt es etwa in Psalm 133:

> „Es ist wie der Tau des Hermon,
> der niederfällt auf die Berge des Zion.
> Denn dorthin hat der Herr den Segen entboten,
> Leben bis in die Ewigkeit“ (Ps 133,3).

Auch im Buch Jesaja, aus dem im Advent die meisten Lesungen genommen sind, begegnet der Tau als Bild für Gottes Segen. In Kapitel 45 wird berichtet vom Ende der Babylonischen Gefangenschaft. Eine schwere Zeit der Unterdrückung kommt damit für Israel zum Abschluss. Zu verdanken hat es das dem Perserkönig Kyros, der Babylon erobert und den Israeliten die Rückkehr in ihre Heimat gestattet hatte.

Man könnte meinen, das sei eine Randnotiz der Geschichte, eine willkürliche Entscheidung eines großen Herrschers, der nicht auf jüdische Sklaven angewiesen ist. Jesaja aber sieht das anders. Er unterstreicht, dass hier Gott rettend in die Geschichte eingegriffen hat, dass er die flehentlichen Gebete seines Volkes erhört hat. Kyros ist da nur ein Werkzeug in der Hand dieses mächtigen Gottes. So lässt Jesaja in Kapitel 45 Gott selbst zum König der Perser sprechen:

„Um meines Knechtes Jakob willen,
um Israels, meines Erwählten, willen,
habe ich dich bei deinem Namen gerufen;
ich habe dir einen Ehrennamen gegeben,
ohne dass du mich kanntest.
Ich bin der Herr und sonst niemand;
außer mir gibt es keinen Gott" (Jes 45,4 f.).

Und weiter heißt es dann bei Jesaja an dieser Stelle:

„Der das Licht formt und das Dunkel erschafft,
der das Heil macht und das Unheil erschafft,
ich bin der Herr, der all dies macht.
Taut, ihr Himmel, von oben,
ihr Wolken, lasst Gerechtigkeit regnen!
Die Erde tue sich auf und bringe das Heil hervor,
sie lasse Gerechtigkeit sprießen.
Ich, der Herr, erschaffe es" (Jes 45,7 f.).

Gott ist es also, der hinter allem steht und es bewirkt – in der Natur, aber auch im Lauf der Geschichte. Das will Jesaja damit sagen.

Diese Worte aber hat die junge Kirche dann recht schnell auch auf Jesus Christus bezogen. Wie Tau vom Himmel herab das Land benetzt und fruchtbar macht, so möge Gott auch seinen Sohn auf die Erde herabsenden und damit Segen und Heil bringen. Die lateinische Übersetzung des Jesaja-Verses hat den Rorate-Messen im Advent, in denen besonders um die Ankunft des Gottessohnes in der Welt gebetet wird, ihren Namen gegeben: „Rorate, caeli, desuper, et nubes pluant iustum" – „Taut, ihr Himmel, von oben, ihr Wolken, lasst den Gerechten regnen!", so heißt das übersetzt.

Genau diese Worte und dieses Bild aber nimmt auch das Lied „Tauet, Himmel, den Gerechten" auf. Die erste Textfassung des

Liedes aus dem Jahr 1774, also aus der Zeit des Barock – damals sogar noch mit sechs Strophen –, stammt vom Jesuitenpater Michael Denis, der in Wien wirkte. Die bekannte Melodie zu diesem Lied hat dann drei Jahre später der Augustiner-Chorherr Norbert Hauner vom Kloster Herrenchiemsee geschrieben, damals freilich noch in einer sehr anspruchsvollen und wohl eher für Chöre gedachten Fassung. Seither hat das Lied eine ganze Reihe von Bearbeitungen und auch Umdichtungen erfahren. Das führt dazu, dass heute regional recht unterschiedliche Versionen verbreitet sind. Im neuen Gotteslob, wie schon im alten, wurde darum das Lied auch nicht in den Stammteil, also den allen deutschsprachigen Bistümern gemeinsamen Teil, aufgenommen. Jedes Bistum konnte so die Fassung auswählen, die in seinem Gebiet gesungen wird. Aber auch das ließ sich nicht einheitlich durchhalten: So sind im Gotteslob für Österreich und für Hamburg, Osnabrück und Hildesheim sogar gleich zwei Fassungen dieses Liedes abgedruckt.

Die erste Strophe im Regensburger Gotteslob schildert nun tatsächlich die Situation des alten Israel: das Hoffen, Bangen und Flehen um Gottes rettendes Eingreifen, die Sehnsucht nach dem Kommen des Messias. Das Tor des Himmels schien lange Zeit verschlossen zu sein. Die beiden weiteren Strophen nehmen dann Maria in den Blick: Gottes Ratschluss wird ihr durch den Engel mitgeteilt in der Verkündigung der Geburt Jesu, und sie war es dann auch, die durch ihr Jawort die Menschwerdung des Gottessohnes ermöglicht hat. So ist auch dieses Lied, zumindest in diesen beiden Strophen, letztlich ein Marienlied, ein Lied, das uns Maria als adventliche Gestalt nahebringen will.

In einer regenlosen, dürren Zeit lässt Tau die Natur von neuem aufleben und erhält sie am Leben. Der Advent lädt uns ein, darüber nachzudenken, wo auch bei uns vielleicht manches zu verdorren droht, wo unser Leben ausgetrocknet und gefährdet ist, wo Lebensfeindliches uns zu schaffen macht. Gott selbst will uns neues Leben schenken, Segen und Heil durch das rettende Kommen seines Sohnes. Täglich neu sollen auch wir spüren, wie groß Gottes Güte und Liebe zu uns Menschen ist. Dafür steht der lebenspendende Tau an einem jeden Morgen.

WEIHNACHTEN

STILLE NACHT, HEILIGE NACHT

Über 200 Jahre ist es inzwischen her, dass das wohl bekannteste Weihnachtslied der Welt erstmals in einem Gottesdienst gesungen wurde. Am Heiligen Abend des Jahres 1818 führten Franz Xaver Gruber und Joseph Mohr in der Schifferkirche St. Nikola in Oberndorf bei Salzburg erstmals das Lied „Stille Nacht, heilige Nacht“ auf. Joseph Mohr war zu damaliger Zeit Hilfspriester in der Pfarrei Oberndorf, Franz Xaver Gruber Dorflehrer in Arnsdorf und half im Nachbarort als Organist aus. Bereits zwei Jahre zuvor hatte Mohr, damals noch in einer anderen Pfarrei, den Liedtext geschrieben. Doch erst 1818 bat er Franz Xaver Gruber um eine Vertonung mit einer Melodie – wenn man den Erzählungen glauben darf, auch noch ganz kurzfristig, nämlich am Heiligen Abend selbst. Beide haben dann das Lied zweistimmig unter Begleitung durch eine Gitarre erstmals am Ende der Christmette in Oberndorf gesungen.

Dass die Oberndorfer Orgel damals nicht habe gespielt werden können, weil eine Maus den Blasebalg angeknabbert habe, und dass deshalb die Gitarre zum Einsatz kam – das ist wohl eher eine Legende. Offenbar wollte der Hilfspriester Mohr vielmehr mit seinen Liedzeilen den Gottesdienstbesuchern eine weihnachtliche Freude bereiten. Wohl niemand aber hätte sich damals in dem kleinen Ort träumen lassen, dass das Lied „Stille Nacht, heilige Nacht“, das sie zum ersten Mal gehört hatten, später eine solch atemberaubende, weltweite Verbreitung finden sollte. In eine Vielzahl von Sprachen ist es mittlerweile übersetzt worden. In unseren Christmetten ist es zu einem festen Bestandteil geworden, und es würde wohl einen Aufstand provozieren, wenn man es am Ende einfach wegließe.

Manchen freilich erscheint das Lied trotz aller Gewohnheit doch ziemlich kitschig und süßlich. Das hängt sicher auch damit zusammen, dass es teilweise schon lange vorher im Advent zu hören ist als säuselnde Hintergrundmusik in Kaufhäusern und auf Weihnachtsmärkten. Doch auch der Text des Liedes scheint in romantischer Weise eine heile Welt zu besingen, die mit der Wirklichkeit offenbar nur wenig zu tun hat: der „holde Knabe im lockigen Haar“, der von den alleine noch wachenden Eltern in den Schlaf gesungen wird; das lieblich lächelnde Kind, dessen Geburt als „rettende Stund’“ beschrieben wird. Ist unser Leben nicht oft genug weit entfernt von solch friedvollen Momenten der Seligkeit, der Ruhe und der Einkehr? Sind unser Alltag und unsere Welt nicht vielmehr gekennzeichnet von Streit, Problemen, Krankheit, Katastrophen, Gewalt, ja auch von Kriegen und Verbrechen? Ist da der Liedtext nicht eher eine Flucht vor den Sorgen und Mühen des Alltags hinein in eine betäubende Weihnachtsromantik, die aber kaum länger anhält als der Heilige Abend selber?

Allerdings: Auch Joseph Mohr kannte die raue Wirklichkeit des Lebens nur allzu gut, und auch in seinem Liedtext wird das deutlich. Er selbst wurde als uneheliches Kind in einem Armenhaus geboren. Nur durch die Unterstützung eines Domvikars konnte er später das Gymnasium besuchen und dann Theologie studieren, um Priester zu werden. Seine einfache Herkunft vergaß er auch später nicht; denn als Priester und Pfarrer setzte er sich sehr für arme und benachteiligte Menschen ein. Ganz ähnlich war es bei Franz Xaver Gruber. Er war das fünfte von sechs Kindern seiner Eltern und war zunächst bis zum 18. Lebensjahr wie sein Vater Leinenweber. Der örtliche Schullehrer aber erkannte sein musikalisches Talent und förderte ihn nach Kräften. So konnte Gruber schließlich doch noch die entsprechenden Prüfungen ablegen und Lehrer werden.

Und auch die Zeit, in der das Lied „Stille Nacht, heilige Nacht“ entstand, war von großen Nöten geprägt: In Österreich und Bayern waren zu Beginn des 19. Jahrhunderts die Auswirkungen der Napoleonischen Kriege zu spüren. Gewalt und Entbehrungen, Verzweiflung und Orientierungslosigkeit hatten ihre Spuren hinterlassen. Das Jahr 1816 galt als ein Jahr ohne Sommer; denn ein gewaltiger Vulkanausbruch im fernen Indonesien führte mit riesigen Mengen an Vulkanasche in der Luft dazu, dass die Sonnenstrahlen kaum die Erde erreichten. Missernten und Hunger auch in Europa waren die Folge.

Joseph Mohr fand in all diesen Wirren Trost im Geheimnis von Weihnachten, in der Menschwerdung des Sohnes Gottes. Und diesen Trost wollte er auch an andere weitergeben. Wenn man die ursprüngliche Fassung des Liedes mit seinen sechs Strophen anschaut, wird das deutlich. Die heute bei uns im Gotteslob abgedruckten drei Strophen sind eigentlich die Strophen eins, zwei und sechs. Die ursprünglich vierte Strophe bei Mohr aber lautet:

„Stille Nacht, heilige Nacht,
wo sich heut alle Macht
väterlicher Liebe ergoss
und als Bruder huldvoll umschloss
Jesus die Völker der Welt."

Der Glaube an Christus, den menschgewordenen Gottessohn, soll die Menschen aller Nationen miteinander verbinden. Diesen weihnachtlichen Frieden verkündeten ja die Engel den Hirten auf dem Feld – und daran sollten sich alle Menschen immer wieder erinnern. „Stille Nacht, heilige Nacht" ist darum ein Aufruf zum Frieden in einer friedlosen Welt – ein Aufruf, dass der weihnachtliche Friede einkehren möge bei allen Menschen, ungeachtet ihrer Herkunft oder Nationalität. Denn Gottes Sohn ist für *alle* Mensch geworden.

Und in Strophe fünf der ursprünglichen Fassung heißt es:

„Stille Nacht, heilige Nacht,
lange schon uns bedacht
als der Herr von Grimme befreit
in der Väter urgrauer Zeit
aller Welt Schonung verhieß."

Gott ist kein Gott des Zornes und der Strafe. Er hat keine Freude am Leid des Menschen, ganz im Gegenteil. Und das zeigt er nun in der Geburt seines Sohnes. Er sendet das Liebste, das er hat, zu den Menschen, damit sein Sohn unsere Wege teilt, damit Gott durch ihn den Menschen ganz nahe sein kann, damit er unser Leid mittragen kann. Gott stellt sich an unsere Seite in unseren Nöten, in unseren Sorgen, in unserem Alltag.

Das ist auch uns heute an diesem Weihnachtsfest gesagt. Der Anblick des Kindes in der Krippe, sein Lächeln möge uns in unserer Zeit Hoffnung und Trost schenken und die Zuversicht: Gott neigt sich den Menschen zu. Er lässt uns nicht alleine zurück, auch heute nicht. Die Geburt seines Sohnes ist tatsächlich für uns die „rettende Stund'". Denn: „Christ, der Retter ist da".

KINDER- UND FAMILIEN-GOTTESDIENSTE

1. ADVENTSSONNTAG

LICHT, DAS IMMER HELLER STRAHLT

Thematisch

Liturgische Begrüßung

Jesus Christus, der Sohn Gottes, das Licht der Welt, sei mit euch!

Einführung Wir beginnen heute die Zeit des Advents. Wir erwarten das Kommen Christi in unsere Welt. Sein Licht soll aufstrahlen in unserem Leben, in unsere Zeit. Die Kerzen am Adventskranz weisen uns darauf hin: Immer mehr kommt Gott uns nahe. Er selbst will bei uns sein. Sein Glanz soll unser Leben hell und froh machen. So dürfen wir nun den Adventskranz segnen und dann das Licht der ersten Kerze entzünden.

Segnung des Adventskranzes: Benediktionale, S. 29 f.

Kyrie-Rufe Herr Jesus Christus,

- du Stern, der über uns aufgeht in finsterer Nacht.
- du Glanz, der unser Leben hell macht.
- du Licht, das uns Mut schenkt in Sorgen und Angst.

Fürbitten Zu Gott, unserem Vater, der seinen Sohn in diese Welt gesandt hat als Licht und Leben der Menschen, wollen wir beten:

- Hilf uns, dass wir uns in diesen Wochen des Advents gut auf das Fest der Geburt deines Sohnes vorbereiten!
- Lass uns wach und aufmerksam sein für die Zeichen deiner Nähe und Liebe in unserem Leben!
- Öffne die Augen der Menschen für alle, die arm und in Not sind!

- Lass die einsamen Menschen Zuwendung und Trost erfahren!
- Stärke alle, die für die kranken Menschen sorgen!
- Lass unsere Verstorbenen das Licht deines ewigen Lebens sehen!

Guter Gott, hilf uns, wachsam zu sein in dieser Zeit des Advents, damit wir die Ankunft deines Sohnes mit bereitem Herzen erwarten. Darum bitten wir durch ihn, Christus, unseren Herrn. Amen.

PREDIGTVORSCHLAG

DIE BOTSCHAFT DES ADVENTSKRANZES

Was gehört zum Advent eigentlich dazu? – Manche werden vielleicht als Erstes sagen: der Adventskalender, bei dem von Tag zu Tag ein Türchen mehr aufgemacht wird. Anderen fällt vielleicht als Erstes der Adventskranz ein.

Manche Familien binden diesen Kranz noch selber. Dazu holen sie sich Tannenreisig und flechten die Zweige kunstvoll um einen Ring, der dann mit vier Kerzen geschmückt und in den Wohnungen aufgehängt oder auch auf einen Tisch gestellt wird. Kaum ein Haus, kaum eine Wohnung gibt es, in der derzeit nicht ein Adventskranz leuchtet, und auch hier bei uns in der Kirche haben wir natürlich einen.

Uralt muss dieser Brauch doch sein – so möchte man meinen. Aber das stimmt nicht. Denn erst im 19. Jahrhundert kam der Adventskranz auf. Ein evangelischer Pfarrer und Erzieher namens Johann Heinrich Wichern hatte damals die Idee dazu. Er stammte aus einer armen Familie und wusste darum, wie beschwerlich das Leben armer Kinder sein kann. Gerade ihnen wollte er deshalb helfen. Als Pfarrer und Lehrer unterrichtete er in Hamburg Arbeiterkinder und ging oft in die Armenviertel seiner Stadt, so wird berichtet. Hier sah er die Not und Armut der Menschen. Viele Kinder mussten betteln, weil ihre Eltern sie nicht ernähren konnten. Manche waren Waisen oder waren von zuhause verstoßen worden und mussten darum auf der Straße leben. Pfarrer Wichern nahm sich ihrer an. Im „Rauhen Haus“, einem alten Bauernhaus, nahm er sie auf, sorgte für sie und betreute sie. Dort, in diesem

Kinder- und Jugendheim, konnten die Kinder bleiben und sogar später einen Beruf erlernen.

Während der Adventszeit fragten die Kinder Pfarrer Wichern immer wieder, wann denn endlich Weihnachten sei. So kam er im Jahr 1839 auf die Idee, aus einem alten Wagenrad einen Holzkranz mit 20 kleinen roten und vier großen weißen Kerzen als Kalender zu bauen. Jeden Wochentag im Advent wurde nun eine weitere Kerze angezündet, an den Sonntagen eine große Kerze mehr. Auf diese Weise konnten die Kinder sehen, wie viele Tage sie noch warten mussten und wie nahe Weihnachten schon war. Der erste Adventskranz, den Pfarrer Wichern erfunden hat, war also im Grunde nichts anderes als ein Advents-*Kalender*.

Noch heute findet man diese große Ausführung des Adventskranzes in Hamburg etwa in der Hauptkirche Sankt Michaelis, also im „Hamburger Michel", oder in dem noch heute bestehenden „Rauhen Haus". Je nach Dauer des Advents trägt er eine unterschiedliche Zahl von Kerzen: am wenigsten, nämlich 22, wenn der Heilige Abend mit dem vierten Adventssonntag zusammenfällt, am meisten, nämlich 28, wenn der Heiligabend auf den Samstag nach dem vierten Adventssonntag trifft. Neben kleineren Kerzen für die Wochentage sind auch hier für die vier Adventssonntage vier große Kerzen vorgesehen.

Nach den ersten Jahren im „Rauhen Haus" wurden im Advent zunächst die Wände des Versammlungsraumes dort mit grünen Zweigen geschmückt. 1860 wurde schließlich auch der Holzreifen mit Tannenreisig umwunden, sodass der Adventskranz in der heutigen Form entstanden war. Vom „Rauhen Haus" fand der schöne Brauch des Adventskranzes Aufnahme bei vielen evangelischen Familien und verbreitete sich rasch. Offenbar weil sich viele Menschen nicht so viele Kerzen leisten konnten und ihre Wohnungen oft auch recht beengt waren, hatten die Adventskränze bald schon nur mehr vier Kerzen – für jeden Adventssonntag eine.

Die katholischen Christen haben diesen zunächst evangelischen Brauch anfangs nur zögernd aufgenommen. Im Jahr 1925 wurde der erste Adventskranz in einer katholischen Kirche aufgehängt, und zwar in Köln. 1930 finden wir den Adventskranz dann erstmals in München. Inzwischen ist er aus unseren Wohnungen und Häusern, aber auch aus vielen öffentlichen Gebäuden nicht mehr wegzudenken.

Was aber will uns der Adventskranz eigentlich sagen? Der protestantische Pfarrer Johann Heinrich Wichern wollte den Kindern zeigen, wie lange es noch bis Weihnachten dauert und dass Jesus Christus in diese Welt gekommen ist als das Licht der Welt. Darum entzündete er ein immer größer werdendes Lichtermeer. Der Kranz selbst erinnert, so kann man das deuten, an das Erdenrund, an unser irdisches Dasein also, das durch Christus, das Licht der Welt, immer mehr erleuchtet werden soll. Auch die Vier-Zahl der Kerzen weist auf das irdische Leben hin – als Zahl dieser Welt, etwa der vier Himmelsrichtungen oder der vier Elemente. Der in sich geschlossene Kreis des Adventskranzes ohne Anfang und ohne Ende deutet zugleich auf die Unendlichkeit hin – auf den unendlichen Gott also, aber auch auf das ewige Leben, das Gott uns durch seinen Sohn schenken will. Die grünen Zweige am Adventskranz können wir ebenfalls als Hinweis verstehen auf dieses neue, ewige Leben, aber auch auf die Hoffnung, die Gott den Menschen durch die Geburt seines Sohnes geschenkt hat.

Vielleicht ist der Adventskranz aber gerade deshalb so beliebt, weil er im Grunde eine einfache Botschaft hat: Jetzt ist eine besondere Zeit, eine Zeit der Erwartung und der Hoffnung. Gottes Sohn will zu uns kommen, er will das Dunkel und die Nacht dieser Welt erhellen. Kerze für Kerze sagt uns der Adventskranz, wie nahe das Fest der Geburt Christi schon ist, der uns Licht und Leben bringt.

2. ADVENTSSONNTAG

BEREITET DEN WEG DES HERRN!

Ev: Lk 3,1–6(C)

Liturgische Begrüßung

Jesus Christus, der die Menschen mit Gott, dem Vater im Himmel, verbindet, sei mit euch!

Einführung

Gerade in diesen Tagen des Advents haben Wünsche eine große Bedeutung. Viele von euch Kindern werden vermutlich schon einen Wunschzettel geschrieben haben. So manche Wünsche, etwa nach Spielzeug, werden vergleichsweise einfach zu erfüllen sein. Bei anderen aber ist es schwieriger, etwa beim Wunsch nach Frieden, nach Versöhnung, nach Liebe, nach einem Ende von Hunger, Krieg und Gewalt in der Welt. Gerade diese Wünsche aber sind wohl besonders wichtig. Dass sie in Erfüllung gehen, darum beten wir immer wieder, auch heute in diesem Gottesdienst. So rufen wir:

Kyrie-Rufe

Herr Jesus Christus,

- du kennst unsere Wünsche, unsere Sorgen und Nöte.
- du zeigst uns, wie barmherzig Gott, unser Vater, ist.
- du gibst uns Hoffnung und Kraft, das Böse zu überwinden.

Fürbitten

In seinem Sohn Jesus Christus verbindet Gott, der Vater, Himmel und Erde. Zu ihm lasst uns beten:

- Hilf uns, dass wir Jesus die Wege bereiten, damit die Menschen seine Nähe erfahren können!
- Lass Brücken zwischen den Menschen entstehen, die miteinander verfeindet sind!
- Hilf, das Trennende zu überwinden, und schenke Gemeinschaft zwischen den Menschen!

- Bewege die Menschen zur Umkehr, die von Hass und Feindschaft erfüllt sind!
- Lohne es allen, wenn sie sich wie Jesus der Armen, Notleidenden und Kranken annehmen!
- Lass unsere Verstorbenen das Heil schauen, das du ihnen verheißen hast!

Barmherziger Gott, hilf uns, aufeinander zuzugehen, so wie du einst in deinem Sohn auf die Menschen zugegangen bist. Lass uns ihm die Wege bereiten durch unser Leben heute und alle Tage. Amen.

PREDIGTVORSCHLAG

BRÜCKEN BAUEN

Baumeister sollen wir sein – dazu ruft uns das heutige Evangelium im Grunde genommen auf. Denn nichts anderes als ein Bauarbeiter ist man ja, wenn man Wege und Straßen erbaut, wenn man Hindernisse beseitigt und Brücken schlägt über Flüsse und Täler. Genau das aber wird uns im heutigen Evangelium aufgetragen:

> „Bereitet den Weg des Herrn!
> Macht gerade seine Straßen!
> Jede Schlucht soll aufgefüllt
> und jeder Berg und Hügel abgetragen werden.
> Was krumm ist, soll gerade,
> was uneben ist, soll zum ebenen Weg werden“ (Lk 3,4 f.).

Doch wie soll das gehen? Was sollen diese Worte eigentlich bedeuten? Eine Geschichte kann uns hier vielleicht ein wenig weiterhelfen.

Max und Peter waren Schüler der dritten Klasse. Sie wohnten einander gegenüber in derselben Straße einer kleinen Stadt. Früher waren sie dicke Freunde gewesen. Dann aber war es aus irgendeinem unerfindlichen Grund zu Streit gekommen, und sie hatten begonnen, einander wie böse Feinde zu hassen. Wenn sie sich sahen, fingen sie sofort an, miteinander zu streiten und sich gegenseitig zu beschimpfen und zu beleidigen. Ihre Schulkameraden versuchten mehrmals, die beiden zu versöhnen, aber alle

Mühe war umsonst: Sie waren richtige Starrköpfe. Schließlich fingen sie sogar an, einander mit Erdklumpen zu bewerfen.

Einmal regnete es besonders stark. Dann verzogen sich die Wolken, und die Sonne zeigte sich wieder, aber die Straße stand unter Wasser. Wer sie überqueren wollte, tastete mit dem Fuß ängstlich nach der Tiefe des Wassers und wich wieder zurück. Max trat aus dem Haus, blieb beim Hoftor stehen und schaute mit Vergnügen um sich: Alles war so sauber und frisch nach dem Regen und glänzte in der Sonne.

Plötzlich aber verfinsterte sich sein Gesicht. Er sah seinen Feind Peter am Hoftor gegenüber stehen. Und er sah auch, dass Peter einen großen Stein in der Hand hielt. So, so, dachte sich Max, du willst also einen Stein nach mir werfen. Nun gut, das kann ich auch! Er lief in den Hof zurück, suchte und fand einen Ziegel und lief wieder auf die Straße, zur Abwehr bereit.

Doch Peter warf den Stein nicht nach dem Feind. Er kauerte sich vielmehr an den Straßenrand und legte ihn behutsam ins Wasser. Dann prüfte er mit dem Fuß, ob der Stein nicht wackle, und verschwand wieder. Der Stein sah wie eine kleine Insel aus.

Ach so, sagte sich Max. Das kann ich auch. Und er legte seinen Ziegel ebenfalls ins Wasser. Peter schleppte schon einen zweiten Stein herbei. Vorsichtig trat er auf den ersten und senkte den zweiten ins Wasser, in einer Linie mit dem Ziegel seines Feindes. Dann holte Max drei Ziegelsteine auf einmal. So bauten sie einen Übergang über die Straße. Leute standen zu beiden Seiten: Sie schauten den Buben zu und warteten. Schließlich blieb nur ein Schritt zwischen dem letzten Ziegel und dem letzten Stein.

Die beiden Jungen standen nun einander gegenüber. Seit langer Zeit blickten sie sich zum ersten Mal wieder in die Augen, und Max sagte: „Ich habe eine Schildkröte. Sie lebt bei uns im Hof. Willst du sie sehen?“[17]

Zwei Jungen, die miteinander verfeindet waren und nun wieder zueinander gefunden haben – die gemeinsam erbaute Brücke war es, die Max und Peter miteinander verbunden hat. Und das ist gerade der Sinn von Straßen, Wegen und Brücken: Durch sie sollen die Menschen zueinanderkommen.

17 Mit Veränderungen nach „Die Brücke“ von Natalie Oettli, in: Willi Hoffsümmer (Hg.), Bußgeschichten, Mainz [8]1997, S. 117 f.

Wenn wir in der Adventszeit aufgerufen werden, dem Herrn die Wege zu bereiten, dann sollen auch wir in diesem Sinn Baumeister sein. Gott selbst möchte in seinem Sohn zu uns kommen. Aber es braucht dazu auch die Wege, auf denen er zu uns kommen kann. Alle Hindernisse sollen wir wegräumen – auch die Hindernisse, die uns von anderen Menschen trennen und eigentlich völlig unnötig sind, wie Hass, Feindschaft, Neid oder auch Gleichgültigkeit.

Gott selbst hat es uns vorgemacht. Er ist der größte Brückenbauer für uns. Denn die große Schranke zwischen Himmel und Erde hat er überwunden durch Jesus, seinen göttlichen Sohn, dessen Geburt wir an Weihnachten feiern. Er ist gleichsam die Brücke zwischen Gott und den Menschen. Er verbindet uns mit dem Vater im Himmel.

Und darum ist es so wichtig, dass auch wir, wie Johannes gesagt hat, Wegbereiter und Baumeister werden: Denn nur dann können wir erfahren, dass Gott selbst die Brücke schlagen will zu uns Menschen in seinem menschgewordenen Sohn.

3. ADVENTSSONNTAG

BIST DU DER, DER KOMMEN SOLL?

Ev: Mt 11,2–11 (A)

Liturgische Begrüßung

Jesus Christus, der Sohn Gottes, dessen Vorbote Johannes der Täufer war, sei mit euch!

Einführung

Viele Menschen haben etwas, was sie bedrückt und ihnen zu schaffen macht: Armut etwa oder eine Krankheit, Sorgen oder Ängste, Einsamkeit oder Trauer über einen lieben Verstorbenen. Gerade diesen Menschen aber hat Jesus sich zugewandt. Er wollte ihnen zeigen: Gott hat euch nicht vergessen, im Gegenteil: Er ist an eurer Seite. Er ist euch immer nahe. So hat Jesus die Menschen mit Freude erfüllt. Auch wir wollen ihn heute bitten, dass er uns in unseren Sorgen Gottes Liebe zeigt und uns so Freude und Lebensmut schenkt.

Kyrie-Rufe

Herr Jesus Christus,

- du lässt aufblühen, was verdorrt und trocken ist.
- du gibst neuen Mut den Verzagten und Ängstlichen.
- du bringst Freude über Gottes Liebe zu uns Menschen.

Fürbitten

Gott will das Glück der Menschen. Darum hat er uns seinen Sohn Jesus Christus gesandt. Zum Vater im Himmel wollen wir darum beten:

- Lass uns anderen Menschen froh und überzeugend von deiner Liebe erzählen!
- Hilf uns, andere auf dich und deine Zeichen in der Welt hinzuweisen!
- Steh den kranken und behinderten Menschen bei und schenke ihnen Kraft und Lebensmut!

- Lass alle, die an den Rand gedrängt werden, treue Freunde und Wegbegleiter finden!
- Nimm dich der Armen an und gib, dass die Güter der Erde gerecht aufgeteilt werden!
- Lass unseren Verstorbenen die Fülle des Lebens in deinem Reich zuteilwerden!

Guter Gott, Johannes der Täufer hat deinem Sohn Jesus Christus den Weg bereitet und auf ihn hingewiesen. Lass uns wie Johannes unser Leben auf ihn ausrichten heute und alle Tage bis in Ewigkeit. Amen.

PREDIGTVORSCHLAG

VORBOTE SEIN FÜR JESUS

Wir wissen, was als Nächstes passiert, wenn sich dicke Wolken am Himmel zusammenballen. (---) Es wird bald regnen. – Die Knospen und die Triebe an den Bäumen und Pflanzen und die Vögel, die zu Beginn eines Jahres in unsere Breiten zurückkehren, sagen uns: (---) Es wird Frühling. – Die Glocken, die an unserem Kirchturm läuten, verraten uns: (---) Es ist so und so spät, oder es ist Sonntag und es ist Zeit, zum Gottesdienst zu kommen. Vorboten, so merken wir, gibt es viele in unserem Leben, in der Natur wie in unserem Alltag. Es kommt nur darauf an, dass wir sie auch richtig deuten können.

Im heutigen Evangelium war ebenfalls von solchen Vorboten die Rede. Als Johannes der Täufer im Gefängnis von den Taten Jesu hört, da schickt er seine Jünger zu ihm und lässt fragen: „Bist du der, der kommen soll, oder sollen wir auf einen anderen warten?“ (Mt 11,3). Die Sehnsucht der Menschen damals war offenbar groß: die Sehnsucht nach Veränderung endlich zum Guten, nach einem besseren Leben, nach Glück und Heil. Und sie haben gehofft, dass dies schon bald geschehen möge.

Jesu Antwort an die Jünger des Täufers Johannes überrascht. Er sagt nicht einfach „Ja“, sondern er lässt ausrichten: „Blinde sehen wieder, und Lahme gehen; Aussätzige werden rein, und Taube hören; Tote stehen auf, und den Armen wird das Evangelium verkündet“ (Mt 11,5). Das sind die Vorboten dieses Jesus von

Nazaret: Vielen Menschen in großer Not wird geholfen. Doch wie sind diese Vorzeichen zu deuten?

Für Johannes den Täufer sollten diese Ereignisse heißen: Jesus ist wirklich der Sohn Gottes, er ist der Messias, der Retter und Erlöser der Welt. Er bringt den Menschen wirklich Heil und Glück und Leben, in welcher Not sie auch sein mögen. So konnte sich Johannes sicher sein, dass er, der letzte der Propheten des Alten Bundes, selbst zu Recht der Vorbote von Jesus, dem Messias des Neuen Bundes, war.

Doch das alles darf nicht nur eine Geschichte aus längst vergangener Zeit bleiben. Auch heute noch ist sie gültig. Die Vorboten Jesu gibt es auch heute. Sie müssen nur gesehen und richtig gedeutet werden:

- Wenn einer dem anderen die Augen öffnet für etwas, was er bislang einfach übersehen und vergessen hat,
- wenn einer dem anderen Schritte ins Leben zu machen hilft,
- wenn einer den anderen nicht mehr ausgrenzt, sondern sein Freund wird,
- wenn man wieder aufeinander hört und sich austauscht, wo vorher nur Schweigen herrschte,
- wenn einer aufstehen und weitermachen kann, weil er die Hoffnung nicht aufgibt,
- wenn wir mit denen teilen, die in Not sind, und wenn wir respektvoll miteinander umgehen, –

überall da sind dies Vorboten für das kommende Heil in Jesus, dem Christus.

Gott will, dass es den Menschen gut geht. In Jesus, seinem Sohn, hat er uns das gezeigt. Die Vorboten davon sind auch heute zu sehen, und es sollen immer mehr werden, damit Gottes Reich auf Erden anbricht. Johannes der Täufer, der Vorläufer Jesu, hat sich selbst darauf hinweisen lassen. Auch wir dürfen diese Zeichen nicht übersehen. Wo immer Menschen Gutes geschieht, ist Gott schon am Werk. Es sind die Vorboten seiner Liebe in unserer Zeit und in unserem Leben.

4. ADVENTSSONNTAG

EINEN SOHN WIRST DU GEBÄREN

Lk 1,26–38 (B)

Liturgische Begrüßung

Jesus Christus, dessen Geburt der Engel Maria verheißen hat, sei mit euch!

Einführung Die letzten Tage des Advents sind angebrochen. Heute brennt bereits die vierte Kerze am Adventskranz, und nur wenige Tage trennen uns noch von Weihnachten. Immer mehr rückt das Licht des Gottessohnes nahe, das von seiner Geburt ausgeht. Noch einmal werden wir heute daran erinnert, wie wichtig es ist, uns auf sein Kommen vorzubereiten. Noch einmal werden wir eingeladen, uns für ihn und seine Ankunft zu öffnen. So rufen wir:

Kyrie-Rufe Herr Jesus Christus,

- du willst zu uns kommen als Kind in der Krippe.
- du willst Wohnung nehmen unter uns Menschen.
- wie einst Maria, deine Mutter, wollen auch wir dich mit bereitem Herzen aufnehmen.

Fürbitten Lasst uns beten: Gott, unser Vater, die Engel verkünden den Menschen deine großen Taten. Durch sie, deine guten Helfer, bist du uns mit deinem Schutz und deiner Liebe nahe. Dich bitten wir:

- Hilf uns zu verstehen, was es heißt, dass dein Sohn Jesus Christus für uns Mensch geworden ist!
- Steh allen werdenden Müttern bei und segne die neugeborenen Kinder!
- Gib uns die Kraft, wie Maria zu den Wegen ja zu sagen, die du uns im Leben führen willst!
- Schenke den Notleidenden und den Zweifelnden die Zuversicht, dass sie bei dir geborgen sind!

- Bewahre und beschütze uns gerade dort vor Gefahren, wo wir sie nicht vermuten!
- Lass unsere Verstorbenen teilhaben am ewigen Leben, das du verheißen hast!

Herr, unser Gott, mit Maria preisen wir dich für das Große, das du an allen Menschen durch die Geburt deines Sohnes getan hast. In ihm hast du gezeigt, dass du uns allezeit nahe sein willst. Wir danken dir dafür durch Christus, unseren Herrn. Amen.

PREDIGTVORSCHLAG
DIE BOTSCHAFT DES ENGELS

Im Urlaub kann man so manches erleben. Ich erinnere mich an eine kleine Geschichte bei einem Aufenthalt in Berlin in der U-Bahn. Neben mir saß eine Mutter mit ihrem vielleicht drei oder vier Jahre alten Sohn. Der Junge stellte seiner Mutter eine Frage, bei der auch ich auf die Antwort sehr gespannt war und darum die Ohren spitzte. Er sagte: „Mama, was ist eigentlich ein Engel?"

In großer Geduld antwortete die Mutter darauf: „Engel sind gute Wesen Gottes." Doch ihr Sohn fragte weiter: „Und was machen die Engel so?" Darauf die Mutter: „Sie tun das, was Gott von ihnen will. So helfen sie ihm bei dem, was er vorhat." Das Gespräch zwischen der Mutter und ihrem wissbegierigen Kind ging noch eine ganze Weile weiter. So wollte der Dreikäsehoch auch erfahren, wo denn die Engel wohnen, ob es auch einen ganz persönlichen Engel, einen Schutzengel, gibt, und ob sie auch Namen haben.

Von einem Engel haben wir auch heute im Evangelium gehört. (---) Gabriel ist wirklich ein Bote Gottes. Er richtet Maria aus, was Gott mit ihr vorhat. Er zeigt sich als ein Werkzeug Gottes; er tut, was Gott ihm aufgetragen hat. Durch ihn spricht Gott zu den Menschen. Denn Gott selbst ist so groß, dass wir Menschen ihn natürlich nicht fassen können. Durch die Engel aber wird das, was Gott will, für uns verständlich.

Und es ist wirklich etwas Großes, was Gott mit Maria, der jungen Frau aus Nazaret in Galiläa, vorhat. (---) Maria erschrickt, als der Engel bei ihr eintritt und ihr sagt, dass sie von Gott begnadet und der Herr mit ihr ist. Sie überlegt, was das bedeuten soll. Der Engel erklärt es ihr; er sagt: „Du wirst ein Kind empfangen, einen Sohn, dem du den Namen Jesus geben sollst. Er wird Sohn des Höchsten genannt werden."

Maria ist noch jung; sie kann kaum begreifen, wie das alles geschehen soll. Doch der Engel redet ihr wieder zu. Er weist sie hin auf den Geist Gottes und auf Elisabet, die Verwandte Marias, die noch im hohen Alter einen Sohn bekommen soll. Darin zeigt sich, so der Engel, dass für Gott nichts unmöglich ist.

Es ist Großes, was hier verheißen wird. Maria kann es kaum fassen. Doch voll Vertrauen sagt sie dann zu dem Engel: „Ich bin die Magd des Herrn. Es soll so geschehen, wie du es gesagt hast." Noch kann sie kaum erahnen, was es bedeutet, die Mutter Jesu zu sein, die Mutter des Sohnes Gottes.

Damit steht Maria freilich nicht allein. Auch wir können kaum verstehen, was sich an Weihnachten ereignet hat. Dass Gottes Sohn als Mensch auf Erden geboren wurde, das verkünden wieder gerade Engel den Hirten auf dem Feld. Nicht anders ist es an Ostern: Am Ostermorgen sagen Engel am Grabe Jesu den Jüngern, dass er auferstanden ist.

Engel sind Boten Gottes. Sie machen den Menschen verständlich, was Gott mit ihnen an Großem vorhat. Sie machen Gottes Güte begreifbar. Maria hat das erfahren dürfen. Aber die Botschaft der Engel gilt uns allen. Auch wir sollen erfahren, was an Weihnachten geschieht. Das Unfassbare der Geburt des Sohnes Gottes in Jesus von Nazaret soll uns nahegebracht werden. Die Engel, Gottes gute Helfer und Werkzeuge, wollen uns das verkünden. Maria hat dazu ja gesagt. Öffnen auch wir uns für diese gute und große Nachricht, damit wir erfahren können, was es heißt, dass Gott in dem Kind in der Krippe als Mensch zur Welt gekommen ist.

AM HEILIGEN ABEND – KINDERCHRISTMETTE

LICHT IN DUNKLER NACHT

Liturgische Begrüßung

Unser Herr Jesus Christus, der zu uns kommt als Kind in der Krippe, sei mit euch!

Einführung Lange haben wir darauf warten müssen. Die Kerzen am Adventskranz haben es uns in den letzten Wochen gezeigt: Das Fest der Geburt Jesu Christi, des Gottessohnes, rückt immer näher. Heute nun ist es endlich soweit. Wir dürfen Weihnachten feiern. Die Kirche hier ist erfüllt von weihnachtlichem Glanz. Die vielen Kerzen deuten darauf hin, dass durch die Geburt Jesu Christi diese Welt mit seinem Licht erfüllt worden ist. Darum rufen wir voll Vertrauen:

Kyrie-Rufe Herr Jesus Christus,

- du bist das Licht der Welt.
- du vertreibst das Dunkel aus unseren Herzen.
- du willst jeden Menschen mit dem Licht deiner Hoffnung erfüllen.

Tagesgebet I Guter Gott, du hast uns eingeladen zu deinem Fest. Wir feiern Weihnachten. Wir feiern die Geburt Jesu Christi. Du hast deinen Sohn zu den Menschen gesandt. Das macht uns froh; denn dadurch wissen wir: Wir sind nicht allein. Lass uns immer wieder deine Nähe erfahren durch Jesus Christus, deinen Sohn, unseren Herrn und Gott, der in der Einheit des Heiligen Geistes mit dir lebt und herrscht in alle Ewigkeit. Amen.

Oder

Tagesgebet II Guter Gott, wir freuen uns, dass wir heute wieder Weihnachten feiern können. Wir freuen uns über das Weihnachtsfest mit den vielen Lichtern. Wir bitten dich aber auch: Hilf uns, dass wir unsere Freude nicht für uns behalten. Hilf uns, dass wir sie weitergeben und auch anderen Freude bereiten. Darum bitten wir dich durch Christus, unseren Herrn. Amen.

Fürbitten I Lasst uns beten zu unserem Herrn Jesus Christus, der als Licht in unsere Welt gekommen ist. Wo er den Menschen begegnet ist, wurde es heller und wärmer. Ihn bitten wir:

- Jesus, unser Licht, leuchte über unseren Familien und schenke ihnen weihnachtliche Freude!
- Jesus, unser Licht, leuchte über allen Menschen, die mutlos sind und keinen Ausweg wissen!
- Jesus, unser Licht, leuchte über allen Menschen, die krank und traurig, einsam und verlassen sind!
- Jesus, unser Licht, leuchte über allen Menschen, die in Streit und Feindschaft miteinander leben!
- Jesus, unser Licht, leuchte über allen, die arm sind, und mache uns bereit, ihnen in ihrer Not zu helfen!
- Jesus, unser Licht, leuchte über unseren Verstorbenen und lass sie dein ewiges Licht schauen!

Gott, unser Vater, du hast ein Herz für uns Menschen. Darum hast du deinen Sohn zu uns gesandt. Durch ihn wird die Welt hell und warm. Dafür preisen wir dich und danken dir heute und in Ewigkeit. Amen.

Oder

Fürbitten II Gott, unser Vater, hat die Welt so sehr geliebt, dass er seinen Sohn zu uns gesandt hat. Wir bitten ihn:

- Schenke uns Zusammenhalt und weihnachtliche Freude in unseren Familien!
- Sei denen besonders nahe, die sich in diesen Tagen einsam fühlen!
- Lass uns mit denen teilen, die unter Armut und Hunger leiden!
- Tröste die kranken Menschen und gib ihnen Zuversicht!
- Hilf uns, dass wir uns nicht in Äußerlichkeiten verlieren, sondern den guten Willen und die Freundlichkeit unserer Mitmenschen sehen!
- Gib unseren Verstorbenen, besonders unseren verstorbenen Angehörigen, Anteil an deinem ewigen Leben!

Guter Gott, du hast uns in der Geburt deines Sohnes reich beschenkt. Dich preisen wir und dir danken wir dafür heute und in Ewigkeit. Amen.

PREDIGTVORSCHLAG I

STERN ÜBER BETLEHEM

In der Klosterkirche Windberg bei Straubing kann man etwas Besonderes entdecken: Nicht nur oben an der Decke der Kirche in der Darstellung der Geburt Christi kann man einen Stern über dem Stall von Betlehem sehen; auch auf vielen anderen Bildern und Figuren, auf Säulen, Altären und sogar an den Sitzbänken sind Sterne angebracht. Über 400 Sterne, so hat einmal jemand nachgezählt, sind in dieser barock ausgeschmückten Kirche zu sehen. Das war damals der ausdrückliche Wunsch des Abtes des Klosters.

Er wusste nämlich: Der Stern führt uns hin zu Jesus, so wie damals die Hirten von Betlehem und die Weisen aus dem Morgenland. Sterne sollen aufleuchten auch in unserem Leben durch die Geburt Jesu. Denn dadurch möchte Gott unser Leben hell und froh machen. Eine wahre Sternstunde ist das – für die ganze Welt.

Und darum schmücken wir an Weihnachten unsere Christbäume, aber auch unsere Häuser und Wohnungen mit vielen Sternen, weil auch wir wissen dürfen: Jesus, der Sohn Gottes, ist bei seiner Geburt damals im Stall von Betlehem aufgegangen über uns wie ein Stern am Himmel.

Dazu kommt aber auch: Der Name der Mutter Jesu „Maria" bedeutet eigentlich „Stern des Meeres". Gemeint ist damit der Leitstern, an dem sich die Seeleute orientieren und ihren Kurs bestimmen können. Ohne ihn irrten sie in früheren Zeiten auf dem Meer hilflos umher. Maria aber führt uns wie ein Leitstern zu Jesus, dem Licht der Welt, so will das sagen.

Und wie Maria sollen auch wir darum wie kleine Sterne sein, die anderen Halt und Hilfe geben. Wie der Stern von Betlehem und wie Maria sollen auch wir andere hinführen zu Jesus, dem Licht der Welt.

PREDIGTVORSCHLAG II

ES WIRD HELL, WENN DU KOMMST

Der Glanz Gottes ist den Hirten auf dem Feld bei Betlehem erschienen; sein Licht ist ihnen aufgestrahlt. Und dieses Licht kommt von der Krippe her.

„Es wird hell, wenn du kommst". Das sagen in Afrika manche Menschen zueinander, wenn sie sich begrüßen. – Damals *ist* es hell geworden, als Jesus Christus auf die Erde zu den Menschen gekommen ist.

Josef und Maria und die Hirten haben es als Erste erfahren dürfen. Gott geht zu den Menschen am Rande, zu den einfachen, armen und kleinen Leuten, zu denen, auf die keiner so recht schaut. Das zeigt er in der Geburt seines Sohnes im Stall von Betlehem.

Josef und Maria haben damals keine andere Unterkunft gefunden als eben einen Stall für das Vieh. In eine einfache Futterkrippe mussten sie ihr Neugeborenes legen, weil keine Wiege bereitstand. Zugig und kalt mag es auch in diesem Stall gewesen sein. – Die Hirten wiederum waren keineswegs angesehen bei den Menschen. Und doch wird gerade ihnen als Ersten durch die Engel verkündet, dass Gottes Sohn geboren worden ist.

Das alles will zeigen: Gott will das Leben der Menschen mit seinem Licht erfüllen. Er will den Kranken Trost und Hoffnung geben. Den Armen und Ausgebeuteten will er aus ihrer Not helfen. Den Einsamen und Ausgestoßenen ist er ein guter Freund und treuer Weggefährte. Den Ratlosen und Verzweifelten will er Halt und Orientierung geben. Allen Menschen will Jesus Christus Licht sein und ihr Leben heller und froher machen.

„Es wird hell, wenn du kommst." Das hat sich damals als wahr herausgestellt, als Jesus hier auf Erden geboren wurde. Aber es soll auch für uns heute gelten. Wir sollen den hellen Schein von Weihnachten selber spüren dürfen. Und wir sollen ihn auch weitertragen an alle Notleidenden in dieser Welt. Wir sollen ihnen das Licht Jesu Christi bringen, damit auch für sie gilt: „Es wird hell, weil Christus gekommen ist."

PREDIGTVORSCHLAG III

GOTTES SOHN – SEIN GESCHENK AN UNS

Ein Geschenk ist etwas Wunderbares: Man muss es nicht bezahlen, man braucht dafür nicht zu arbeiten und sich abzumühen, es ist meist eine freudige Überraschung. Aber ein Geschenk zeigt noch mehr. Es sagt: Der Schenkende hat an dich gedacht, er mag dich, du bist für ihn wertvoll. Sicher hast du schon einige Geschenke in deinem Leben erhalten und hast auch selbst schon deinen Eltern, deinen Geschwistern oder deinen Freunden das eine oder andere Geschenk gemacht.

Anlässe für Geschenke gibt es ja viele: (---) zum Beispiel den Geburtstag, oder ein Fest, bei dem man eingeladen ist, die Taufe oder die Erstkommunion. Wenn jemand ein rundes Jubiläum feiern kann, dann wird er nicht selten in einer Feier geehrt. Oder wenn jemand von einer Stadt in eine andere zieht, kann es sein, dass die Freunde ihm zum Abschied ein Geschenk überreichen. Auch Liebespaare beschenken einander immer wieder mit kleinen Zeichen ihrer Zuneigung, beispielsweise mit einem Blumenstrauß.

Wir sind gewohnt, dass gerade an Weihnachten Geschenke nicht fehlen dürfen. Viele von Euch werden schon ganz gespannt sein, was unter dem Christbaum für Euch bereit liegt. Für nicht wenige von Euch werden es sogar mehrere Geschenke sein.

In früheren Jahren aber war das anders. Es gab auch in Deutschland eine Zeit großer Not und Armut, besonders in den ersten Jahren nach dem Zweiten Weltkrieg. Ein Junge berichtet über ein Weihnachtsfest damals:

„Wir hatten nicht viel. Der Lohn meines Vaters reichte gerade aus, um die Miete unserer Wohnung zu bezahlen. Für Lebensmittel blieb da nicht viel übrig, geschweige denn für Kleidung oder gar für Spielsachen. Als es Weihnachten wurde, machte ich mir deshalb keine großen Hoffnungen auf ein Geschenk. Umso mehr war ich erstaunt über ein kleines, in Zeitungspapier eingewickeltes Päckchen, das mir meine Mutter an Heiligabend überreichte. Darin war ein Paar selbstgestrickte, schwarze Socken. Die Wolle dazu hatte meine Mutter von einem alten Pullover, den sie aufgetrennt und dessen Fäden sie eingefärbt hatte. Es war gewiss nur ein sehr einfaches Geschenk. Und doch war dieses Weihnachtsfest für mich eines der schönsten in meinem Leben."

Bei Geschenken kommt es nicht darauf an, wie viel man schenkt. Auch ein kleines Geschenk kann große Freude bewirken. Wichtig ist, dass man nicht irgendetwas, sondern dass man sich selber schenkt. Wichtig ist, das man mit Liebe und mit echter Zuneigung gibt.

Gott macht es ganz genauso. An Weihnachten feiern wir, dass er uns beschenkt hat. Nicht irgendeine Sache bietet er uns an, sondern sich selbst in seinem Sohn. Gott wird Mensch in Jesus. Er teilt unser Leben, unsere Freude und unsere Nöte. Er ist uns ganz nahe, weil er einer von uns geworden ist. Darin zeigt er, wie sehr er uns gerne hat.

Gewiss, es ist nur ein scheinbar kleines Zeichen: ein Kind in einer Futterkrippe, auf Stroh gebettet, im Stall von Betlehem. Aber dieses kleine, hilflose Kind steht für Gottes große Liebe zu uns Menschen. Weil wir an Weihnachten damit beschenkt worden sind, wollen wir die Freude darüber weitergeben. Und wir wissen: Das geht nur, wenn wir uns selbst in Freundschaft und Liebe einander zum Geschenk machen, so wie Gott es in Christus, dem Kind in der Krippe, getan hat.

VERZEICHNIS DER PREDIGTVORSCHLÄGE

1. Adventssonntag A
Christen als aufgeweckte Menschen
Der lange Advent
1. Adventssonntag B
Advent – Zeit der Unruhe und Sehnsucht
1. Adventssonntag C
Seid wachsam!
Gegen alle Angst
2. Adventssonntag A
Friede ist möglich!
Neues Leben aus dem Alten
2. Adventssonntag B
Wo bleibst du, Trost der ganzen Welt?
Bahnt den Weg für den Herrn!
2. Adventssonntag C
Advent – ein Gefängnis?
Auch wir
3. Adventssonntag A
Haltet geduldig aus
Die Wüste lebt
3. Adventssonntag B
Zeuge für das Licht
Gewänder des Heils
3. Adventssonntag C
Das Naheliegende tun
4. Adventssonntag A
Botschaft und Bote
Ganz Ohr für Gott
4. Adventssonntag B
Wurzel Jesse
Gottes Nähe im Alltag
4. Adventssonntag C
Nur ein Strohhalm
Dass es Advent wird – in dir

In der Heiligen Nacht – Am Weihnachtstag
Gottes Sehnsucht, beim Menschen zu sein
Draußen im Stall
In Christus von Gott berührt
Gott weiß um uns
Licht im Dunkel der Nacht
Die Welt in Kinderhänden
2. Weihnachtstag – Fest des heiligen Stephanus
Trost und Hoffnung durch das Kind in der Krippe
Fest der Heiligen Familie A | B | C
Ein Tag der Mütter, Väter, Kinder und der Familien
Jahresschluss
Wie Jahresringe eines Baumes
Neujahr – Hochfest der Gottesmutter Maria
Das Geschehene im Herzen bewahren und bedenken
Mit Maria einen Neubeginn wagen
Mut zum Neuen
Gesegnetes neues Jahr!
2. Sonntag nach Weihnachten
Sinn, Leben und Licht
Hochfest Erscheinung des Herrn
Menschen auf der Suche
Verkehrte Welt
Mit den Weisen auf dem Weg nach Betlehem
Die Botschaft der Tiere an der Krippe
Menschen mit einer Vision
Sternsucher
Fest Taufe des Herrn A
Der geöffnete Himmel
Fest Taufe des Herrn B
Angewandtes Christentum
Fest Taufe des Herrn C
An der Seite der Sünder und Armen

LIEDPREDIGTEN ZU ADVENT UND WEIHNACHTEN

1. Adventssonntag
   Wir sagen euch an den lieben Advent
2. Adventssonntag
   Macht hoch die Tür, die Tor macht weit
3. Adventssonntag
   Es kommt ein Schiff, geladen
4. Adventssonntag
   Tauet, Himmel, den Gerechten

Weihnachten
   Stille Nacht, heilige Nacht

PREDIGTEN FÜR KINDER- UND FAMILIENGOTTESDIENSTE

1. Adventssonntag (Thematisch)
   Die Botschaft des Adventskranzes
2. Adventssonntag (C)
   Brücken bauen
3. Adventssonntag (A)
   Vorbote sein für Jesus
4. Adventssonntag (B)
   Die Botschaft des Engels

Am Heiligen Abend – Kinderchristmette
   Stern über Betlehem
   Es wird hell, wenn du kommst
   Gottes Sohn – sein Geschenk an uns

Die Sonntagsevangelien für alle Lesejahre

von Anke Lechtenberg

DIE SONNTAGSEVANGELIEN IM LESEJAHR A
Auslegungen für Predigt und Meditation
168 Seiten, kartoniert, ISBN 978-3-7917-3367-8 / auch als eBook

DIE SONNTAGSEVANGELIEN IM LESEJAHR B
Auslegungen für Predigt und Meditation
184 Seiten, kartoniert, ISBN 978-3-7917-3446-0 / auch als eBook

DIE SONNTAGSEVANGELIEN IM LESEJAHR C
Auslegungen für Predigt und Meditation
192 Seiten, kartoniert, ISBN 978-3-7917-3535-1 / auch als eBook

»Es sind Anregungen für das alltägliche Leben, die buchstäblich greifbar wie ein Nachschlagewerk im Bücherregal stehen sollten.«
LITURGIE KONKRET PLUS

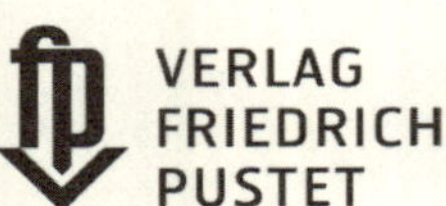

Verlag Friedrich Pustet
Unser komplettes Programm unter:
www.verlag-pustet.de

Tel. 0941 / 92022-0
Fax 0941 / 92022-330
bestellung@pustet.de